# CUCALAMBÉ
## (DÉCIMAS CUBANAS)

Selección de *Rumores del Hórmigo*

COLECCIÓN CLÁSICOS CUBANOS # 12

EDICIONES UNIVERSAL, Miami, Florida, 1999

JUAN CRISTÓBAL NÁPOLES FAJARDO

# CUCALAMBÉ
## (DÉCIMAS CUBANAS)

Selección de *Rumores del Hórmigo*

EDICIONES UNIVERSAL

Primera edición publicada en La Habana, Cuba,
por el Capitán José Muñiz Vergara
(El Capitán Memo) en 1938.
Esta edición reproduce la
selección que publicara
Ediciones del Exilio
de Caracas, Venezuela en 1964.
La primera edición en la colección Clásicos Cubanos
de Ediciones Universal
se publicó en 1984
(ISBN:0-89729-351-7)

Segunda edición, 1999

EDICIONES UNIVERSAL
P.O. Box 450353 (Shenandoah Station)
Miami, FL 33245-0353. USA
Tel: (305) 642-3234   Fax: (305) 642-7978
e-mail: ediciones@kampung.net
http://www.ediciones.com

Library of Congress Catalog Card No.: 84-80491
I.S.B.N.: 0-89729-878-0

Portada y viñetas de Antonio Aguilar

«Al árbol deportado se la ha de conservar el jugo nativo, para que a la vuelta a su rincón pueda echar raíces.»

José Martí

(En *Patria*, New York, 2 de julio de 1893)

# ÍNDICE

Introducción, Carlos D. Carbonell Aguilar M.D. ................ I

Misterio, embrujo y gloria de la décima
       Luis Mario ........................................ III

Presentación
       Marino Pérez Durán ................................ 9

Prólogo
       José Muñiz Vergara (El Capitán Memo) ............... 11

A Juan C. Nápoles Fajardo ............................. 25
A don José Fornaris ................................... 28
El Amante Despreciado ................................ 32
El Cacique de Maniabón ............................... 36
El Behique de Yariguá ................................. 41
Mi Hogar ........................................... 45
Las Monterías ....................................... 49
Hatuey y Guarina .................................... 53
Amor a Cuba ........................................ 58
Las Vaquerías ....................................... 62
A Rufina (desde una ciénaga) .......................... 66
Narey y Coalina ..................................... 70
Galas de Cuba ....................................... 75
A Rufina (desde un Ingenio) ........................... 79
La Primavera ........................................ 82
Bartolomé de Las Casas ............................... 86
Un Guateque en Yariguá .............................. 90
A Rufina (Invitación primera) .......................... 95
A Rufina (Invitación segunda) .......................... 98
Mi Hamaca ......................................... 102
Morgan ............................................ 106
Los Indios de Cuoibá ................................. 110
El Amante Rendido ................................... 118
La Alborada ......................................... 122
El Amante Celoso .................................... 126
Caonaba ........................................... 130

La Papaya . . . . . . . . . . . . . . . . . . . . . . . . . . . . . . . . . . . . . . . . 134
Adiós a mis Lares . . . . . . . . . . . . . . . . . . . . . . . . . . . . . . . . . 138
Los Gallos . . . . . . . . . . . . . . . . . . . . . . . . . . . . . . . . . . . . . . . 142
La Valla de Gallos . . . . . . . . . . . . . . . . . . . . . . . . . . . . . . . . . 147

NOTAS . . . . . . . . . . . . . . . . . . . . . . . . . . . . . . . . . . . . . . . . . 153

# Introducción

Con legítimo orgullo saludamos esta novísima edición de «Rumores del Hórmigo», cuya divulgación marcará un indeleble paso para el conocimiento de una obra poética genuinamente cubana. El contenido de la obra refleja los sentimientos puros y sencillos de Juan Cristóbal Nápoles Fajardo, siempre empeñado en describir, con sus versos, personas, situaciones, paisajes y cosas propias de nuestra querida Cuba.

Como podrá apreciar el lector, la obra de El Cucalambé, como se le llama al poeta Nápoles Fajardo, es de contenido bucólico, con marcada referencias a vocablos indígenas.

No sólo El Cucalambé fue un bardo de enraizada cubanidad, sino también un ser en el que ya ardía entonces la llama patriótica, según lo acredita el prólogo de José Muniz Vergara en la edición que él publicó en La Habana, en el año 1938.

Confiamos que esta edición culmine en el reconocimiento de los méritos de la producción literaria de El Cucalambé, por todos los lectores que se asomen a sus páginas, a la vez que puedan experimentar gran deleite a través de un trozo cultural de Cuba.

Amable lector, como sobrino biznieto que soy de El Cucalambé, me sentiría muy complacido al igual que mi familia si esta edición llega a ti y a muchas otras personas, y te enamoras de su inigualable belleza.

Carlos D. Carbonell Aguilar M.D.

# Misterio, embrujo y gloria de la décima

## Por Luis Mario

Cuando Juan de Mal Lara (1527-1571), humanista y poeta español, escribió su «Mística Pasionaria», seguramente estaba muy lejos de sospechar que su obra se afianzaba en una estrofa nacida para quedarse. Más de cuatro siglos después, aquellos diez versos octosilábicos que abren y cierran con rotundas redondillas enlazadas por dos versos centrales, permanecen incólumes en su descripción métrica y rímica: a b b a a c c d d c. La primera décima de aquellas que se referían a catorce estaciones, en las que se recorría la Pasión y Muerte de Jesús, es verdaderamente la primera décima escrita en castellano, de que se tengan noticias:

> Ánima devota y pía,
> en la primera estación
> has de poner la atención
> en la vil saña judía.
> Sangre del justo pedía
> aquella chusma de ingratos
> con furiosos aparatos
> y voces descompasadas,
> y con sus manos lavadas
> entrega al Justo Pilatos.

Pero Juan de Mal Lara tuvo poca suerte, porque hubo otro poeta que, sin pretenderlo, le robó la gloria. Así como el Nuevo Mundo, en vez de llamarse Colón gracias a su descubridor, asumió el nombre de América al conjuro de Américo Vespucio, la décima fue bautizada posteriormente como espinela, al ser cultivada popularmente por Vicente Espinel Gómez Adorno, un poeta y novelista posterior (1550-1624). A Espinel se debe, como músico, la adición de la quinta cuerda de la guitarra. Sus valores fueron muchos y reconocidos por Lope de Vega, que inclusive llegó a incluir décimas en sus propias obras. Pero en Poesía, específicamente en la décima, hubo un ilustre antecesor, aunque a estas alturas de la historia no es descabellado referirse a la décima con la denominación de espinela, ya que Espinel contribuyó a popularizar aquella estrofa a un mismo tiempo flexible y complicada, ligera y exigente. ¿Dónde, realmente, comenzó a escribirse este esquema en arte menor, paradójicamente fácil para poetas sin instrucción académica y a veces reto lírico para letrados? Todo indica hacia el *Cancionero de Resende (o Rezende)*, aparecido en Portugal en 1506, en el que hay una perfecta décima escrita en portugués, cuyos primeros cuatro versos son los siguientes:

> Senhor as vossas donzelas
> en las gordalas non posso
> que por ver estomen vosso
> nam ma proueyta coelas...

El dato aparece en el libro *Décima y folclor*, del poeta cubano Jesús Orta Ruiz, que siendo uno de los principales exponentes de la décima culta en su país, ha sido también uno de los primeros improvisadores de décimas, conocido como el Indio Naborí. Y es natural que no sea fácil descubrir cuándo los curiosos diez versos de ocho sílabas cruzaron la frontera de Portugal a España, si en verdad fue Juan de Mal Lara el afortunado receptor de aquella forma o coincidió su creación con la de un poeta portugués. Sucede que la historia se encarga de autooscurecerse con la complicidad de los casi cinco siglos transcurridos.

Claro que antes de Juan de Mal Lara hubo décimas, si aceptamos en esa denominación los diez versos octosílabos rimados. Lo que sucede es que con ese poeta primero y el impulso vital de Espinel después, quedó establecida la décima en su forma definitiva, en el esquema que perdura hasta nuestros días. Muchos tratadistas han citado a Íñigo López de Mendoza, Marqués de Santillana (1398-1458) y a Gil Vicente (¿1470-1536?), aunque ambos se alejaron de la real y futura décima debido a su arbitrariedad rímica. No obstante, nunca he leído que se haya citado al poeta peruano Francisco de Jerez, nacido probablemente en 1498, que al escribir «Al Emperador Rey Nuestro Señor» se acercó mucho a la décima, al extremo de casi anticiparse a Juan de Mal Lara. Una de sus estrofas dice:

> Sobre esta tanta excelencia
> hay mil malos envidiosos,
> maldicientes, mentirosos,
> que quieren poner dolencia
> en los hombres virtuosos;
> con esa envidia mortal,
> aunque éste es su natural,
> dicen dél lo que no tiene,
> de envidia de cómo viene;
> mas no le es ninguno igual.

Es de notar que la única diferencia radica en la rima del quinto verso. Si el poeta hubiera repetido en ese verso la rima del cuarto, la gloria de la primera décima escrita hubiera sido de Hispanoamérica y no de España. Sólo una palabra distinta: «en los hombres, *impaciencia*» en vez de «en los hombres *virtuosos*», hubiera hecho el milagro.

No obstante, los cambios en la colocación de las rimas en las décimas han estado presentes en muchas ocasiones a través de los siglos, pero sin resultados visibles. La décima fue cultivada por dos figuras cimeras del Siglo de Oro español: Francisco de Quevedo y Luis de Góngora. La enamorada estrofa estuvo presente en el conceptismo quevedesco y en el culteranismo gongorino. Fue entonces, a un mismo tiempo, látigo para la piel del idioma y tisana barroca que, buscando la salud del vocabulario, lo complicaba. Ambos poetas fueron fieles a la estructura popular de la décima, pero muchos años después, otro poeta español, Jorge Guillén, fue uno de los que trató reiteradamente de cambiar el orden rímico de la espinela. En «Perfección», por ejemplo, en vez de comenzar con una redondilla utiliza una cuarteta y los siguientes dos versos de enlace son pareados:

Queda curvo el firmamento
compacto azul sobre el día.
Es el redondeamiento
del esplendor: mediodía.
Todo es cúpula, reposa,
central, sin querer, la rosa,
a un sol en cenit sujeta.
Y tanto se da el presente
que al pie caminante siente
la integridad del planeta.

Otros poetas siguieron esa forma, como los españoles Mauricio
Bacarise y Juan José Domenchina, pero la variación no llegó mucho
más lejos. Y hubo otros cambios de rima, como en «El sinsonte», del
poeta español radicado en Cuba durante muchos años, Ángel Gaztelu.
En este caso, los primeros cuatro versos corresponden a la original
redondilla, aunque no existe la pausa normal de esa primera parte, pero
el cambio se opera después del quinto verso, cuando irrumpe la
segunda redondilla fuera de tiempo, para terminar después con un
pareado:

Sinsonte: flauta y cristal
encierras en tu garganta.
Flauta que aduerme y encanta
en la hamaca musical
de honda siesta tropical...
Cuando glorioso deliras
en el gozo de tu trino,
alivias al campesino:
y en el oro de tus liras
vibran las mieles guajiras.

Otra forma distinta de décima se debe al poeta modernista
uruguayo Julio Herrera y Reissig, aunque en este caso el cambio se
nota sólo en una rima de reiteración. En «Desolación absurda» el poeta

repite la palabra final del primero y cuarto versos. He aquí la primera parte de una de esa décimas:

> Deja que rime unos *sueños*
> en tu rostro de gardenia,
> hada de la neurastenia,
> trágica luz de mis *sueños*.

Una poetisa cubana contemporánea, Sara Martínez Castro, va un poco más lejos al lograr no una rima, sino un «verso de reiteración», como puede apreciarse en «Plenitud»:

> *Te sentí dentro, tan dentro*
> que me estorbaba la piel,
> y quise hacerme de miel
> para llegar a tu centro.
> *Te sentí dentro, tan dentro*
> que el Amor para nombrarte
> no quiso versos, y aparte
> de un silencio sin disfraz
> quise entregarte la paz
> que sueño con entregarte.

En cuanto a la métrica, también ha habido variantes. En Puerto Rico hay un canto tradicional anónimo que es una décima heptasílaba, titulada «Vengo a saludar». Así dice: «Esposa y esposo/ y familia entera/ a esta escalera/ yo vengo con gozo/ con mucho reposo/ le voy a explicar/ para regalar/ yo te traigo un ramo/ como borincano/ vengo a saludar». Pero no sólo de restricción métrica, sino de ampliación, abundan los ejemplos. Hay un curioso poema del poeta español Eduardo Alonso (1898-1956), que aunque está dividido en tres estrofas, si se unen, forman una perfecta décima decasilábica de himno. Se trata de «La chiquilla del pelo rizado»:

> La chiquilla del pelo rizado,

la que va por la calle risueña,
la que llaman en casa pequeña,
dicen todos que se ha enamorado.

Yo la he visto pasar a mi lado,
como siempre, feliz y graciosa;
pero he visto también otra cosa
que no digo por sobra de celo.

¡Yo la he visto coger el pañuelo
y enjugarse una lágrima rosa...!

Como puede apreciarse se trata de un truco de presentación tipográfica, porque la colocación de las rimas obedece estrictamente al sistema que rige la décima. Y un poeta mexicano, Fernando Celada, se extiende hacia el endecasílabo y escribe décimas con ese metro. La siguiente pertenece a «¡Vuelve a tu hogar!»:

No temas: no es tan frágil la razón,
que se equivoca mucho al discernir;
no hay razón de matar al porvenir
cuando late con calma el corazón.
Apacigua la cruel agitación
que tortura tu pecho sin cesar;
deja de padecer y naufragar
y olvida «qué te hicieron y qué has hecho»:
Eres un soñador, tócate el pecho
y vuelve con tus hijos al hogar.

Por su parte, Rubén Darío, maestro de búsquedas y encuentros, también escribió décimas en arte mayor, como las eneasilábicas que, en *El chorro de la fuente*, publicó en honor de Eugenio Garzón, y después en elogio del poeta Eugenio Díaz Romero. La primera de estas últimas así comienza:

Blasón de azul, rosas de plata,
rimas ricas, locuras bellas,
flauta que hace aires y querellas
como fuente que se desata...

Y también Darío escribió una extraña décima, con la métrica experimental de un endecasílabo diferente, porque se trata de versos compuestos por un hexasílabo y un pentasílabo. Entre las cuatro estrofas que forman su «Balada laudatoria a Don Ramón del Valle-Inclán», hay una que corresponde rímicamente a la perfecta configuración de la décima:

Cosas misteriosas, trágicas, raras,
de cuentos obscuros de los antaños,
de amores terribles, crímenes, daños,
como entre vapores de solfataras.
Caras sanguinarias, pálidas caras,
gritos ululantes, pena y afán,
infaustos hechizos, aves que van
bajo la amenaza del gerifalte,
dice en versos ricos de oro y esmalte
Don Ramón María del Valle-Inclán.

Pero acaso el cambio más radical en la décima es el que se opera en la invención de un poeta cubano, Urbano Gómez Montiel, que acude al hexadecasílabo polirrítmico, o sea, dos hemistiquios octosilábicos, y con esa métrica escribe sus llamadas «neodécimas» que más bien deben ser «dobledécimas», porque forman una décima doble. Lo más interesante de esta modalidad es que se pueden separar los octosílabos, dándoles una especie de corte vertical, para tener dos décimas perfectas en su configuración métrica y rímica, aunque desde luego pierden la coherencia conceptual. Una de esas nuevas estrofas dedicadas a «La palma cubana» comienza con los siguientes cuatro versos: «La palma en su estampa encierra, —todo un coloquio cubano./ Es novia del sol lejano, —de la campiña y la sierra./ Figura hermosa y del llano, —alta y verde que se aferra/ al paisaje y a su tierra —con lindas trenzas de guano...» Los guiones en las cesuras, puestos por mí, separan los dos octosílabos. Si se borran los segundos hemistiquios (después de los guiones), queda a la izquierda una décima concreta, gracias a las rimas internas «encierra», «lejano», «llano», «tierra», etc. Pero si se borran los primeros hemistiquios (antes de los guiones), también queda a la derecha otra décima.

Si seguimos buscando ejemplos de las derivaciones en las décimas encontraremos muchas otras curiosidades, como por ejemplo las «Tres décimas con letrilla», del español Florencio Llanos Borrell, nacido en 1918. Se repite en ese caso lo que en el soneto se llama Estrambote, que es el añadido de unos versos finales. Sin embargo, lo más importante de la décima como estrofa poética no es su nebuloso origen posmedieval, sino su recalcitrante voluntad de permanencia y su obstinada oposición a cualquier cambio en la métrica o en la colocación de las rimas. Como se ve, no pocos intentos ha habido para realizar cambios en la décima, muchos de ellos debidos a ilustrísimas plumas, pero el esquema original ha permanecido incólume, rechazando con éxito afeites y cirugías. Porque a diferencia del soneto, que principalmente después del movimiento modernista fue sometido a innumerables cambios y todos fueron aceptados, la décima no ha permitido que se violen sus preceptos desde Juan de Mal Lara a la fecha, y ha vuelto a resurgir incólume, con su renovado, impasible y terco vigor ortodoxo.

Si es factible decir que en todos los países hispanoamericanos se ha cultivado la décima, también sin lugar a dudas puede afirmarse que Cuba ha sido el bastión por excelencia de esa estrofa. Ya desde principios del Siglo XVII, exactamente en 1608, Silvestre de Balboa Troya y Quesada escribió en Cuba el largo poema «Espejo de paciencia», dedicado al obispo de Bayamo, fray Juan de las Cabezas, a quien el pirata francés Gilberto Girón había hecho prisionero. En los versos se relata la odisea del secuestro y posterior rescate. El poema termina con un motete en el cual están incluidas dos décimas, aunque están formadas por dos redondillas seguidas y terminan en pareados. Pero la décima en su configuración real sería cultivada después, con voces que se pierden en el tiempo histórico cubano, como el sacerdote llamado Juan Rodríguez Ucres, conocido como el Padre Capacho; la Marquesa de Jústiz de Santa Ana, Manuel del Socorro Rodríguez y el presbítero Rafael Velázquez. Por puertas como esas empezaron a entrar nuevas décimas en Cuba, con un posterior arraigo en los campesinos que la cultivaron como gloria de sus triunfos y escudo de sus quejas. Y ya en el romántico Siglo XIX, el candor musical de los diez octosílabos había prendido tan fuertemente en la lírica cubana, que prácticamente no había poeta que no escribiera décimas. Empezando con Manuel Justo Rubalcava, muerto en 1805, la coqueta estrofa estuvo presente en las obras de Manuel de Zequeira y Arango, Anacleto Bermúdez, José María Heredia, Gabriel de la Concepción Valdés (Plácido), Tristán de Jesús Medina, Ramón de Palma, José Jacinto Milanés, Miguel de Teurbe Tolón, José Ramón Betancourt, Francisco Pobeda y una lista que se haría interminable. José Martí escribió sólo once décimas y Gertrudis Gómez de Avellaneda la desdeñó, creando lo que ha dado en llamarse «enésima», en el poema «A la Virgen», forma muy lejos de la espinela con sólo nueve versos y entre ellos el sexto es un pie quebrado tetrasílabo, y también inventando la «undécima», que se acerca más al molde original, pero con un cambio de rima al final de los diez octosílabos y un pentasílabo añadido como un minúsculo estrambote.

El Siglo XX ha sido pródigo en el cultivo de la décima cubana. Poetas de la ciudad fueron a su rescate, y lo que fue drenaje, consuelo, subjetividad amorosa y a veces quejumbre e impotencia en la voz campesina, se convirtió de pronto en expresión culta en voces como la de Agustín Acosta, Poeta Nacional de Cuba, que ya merecía tan honroso título desde que en *Ala*, su primer libro en 1915, incluyó su «Décima a la bandera cubana»:

> Gallarda, hermosa, triunfal,
> tras de múltiples afrentas,
> de la patria representas
> el romántico ideal...!
> Cuando agitas tu cendal

—sueño eterno de Martí—,
tal emoción siento en mí,
que indago al celeste velo
si en ti se prolonga el cielo
o el cielo surge de ti...!

En Cuba se dio un hecho que fortaleció la décima como expresión poética a extraordinario nivel popular. Cuando surge la radio, y se consigue su funcionamiento con baterías para el hombre de tierra adentro, que no tenía electricidad, allá por los años 30 ó 40, los campesinos no salían hacia sus labores antes del alba sin antes escuchar las décimas cantadas por José Ramón Sánchez, «El Madrugador». Después, ocurrió un fenómeno a la inversa, cuando improvisadores del campo se trasladaron a las ciudades para desde allí transmitir sus décimas cantadas con el acompañamiento de laúdes y guitarras. Si los bohíos vibraban al conjuro de los llamados guateques, las ondas hertzianas se encargaban de propagar la inspiración poética hacia todo el territorio nacional. Y en todas partes, pero sobre todo en La Habana, en lugares específicos como la Sociedad del Pilar, en la Calzada de Monte, las lides entre repentistas hacían las delicias de un público entusiasta. Allí disfruté, entre otras muchas expresiones valiosas, el verbo implacable y sonoro de Pedro Guerra, la riqueza metafórica de Pablo León, el lenguaje inagotable y directo de Patricio Lastra y el incontenible desbordamiento lírico de Guillermo Sosa Curbelo. Pero también el gracejo se hacía carcajada inevitable cuando Chanito Isidrón se enfrentaba a Francisco Reyes —que hizo popular su apodo de El Cacique Jaruqueño—, con pretensiones humorísticas en vez de literarias.

Este libro contiene una cuidadosa selección de décimas de Juan Cristóbal Nápoles Fajardo, conocido como El Cucalambé. El libro suyo, *Rumores del Hórmigo*, alimenta estas páginas. Su edición más reciente de 1998, muy limitada, se debe a Carlos Carbonell, descendiente del poeta. Nápoles Fajardo, nacido en 1829 y misteriosamente desaparecido sin dejar huellas en 1862, es uno de los grandes exponentes de la décima cubana de todos los tiempos. La suya es una poesía sin las pretensiones académicas a que aspiran los versos de José Fornaris, bautizado como el primer poeta siboneyista de Cuba. Pero quien puso a cantar a los siboneyes en sus espinelas fue Nápoles Fajardo. En su vocabulario aparece toda una selección de voces indígenas que enriquece las arcas de cualquier filólogo, y que el profesor José Sánchez-Boudy califica como «su entorno». Y El Cucalambé tiene también otra virtud, ubicada más en la moral de su tierra que en el mérito literario. Porque respetando la configuración estrófica de la décima tradicional, tratándola como a una doncella inviolable, dentro de esa pureza depositó versos cargados de una serena emotividad patriótica. Nótese cuántas veces repite la palabra Cuba, los gentilicios cubana y cubano, y se verá a trasluz la vibración reiterada e inconfundible del patriota. No fue sólo decimista, pero en esa estrofa es donde mejor pone al desnudo su sensibilidad criolla, su filiación independentista, su amor por la bandera nacional del futuro. Su influencia fue poderosa y simbólica casi siempre, aunque no por ello menos efectiva. Valga un solo ejemplo, sus décimas tituladas «Hatuey y Guarina». En ellas pone al valiente cacique a proclamar la guerra para defender su territorio de los indios caribes, y desde el principio retrata a Cuba triste en su impotencia. Desde el siglo pasado esos versos se impregnaron en la conciencia isleña y han mantenido su vigencia hasta nuestros días:

> Con un cocuyo en la mano
> y un gran tabaco en la boca,
> un indio desde una roca
> miraba al cielo cubano.
> La noche, el monte y el llano
> con su negro manto viste,
> del viento al ligero embiste
> tiemblan del monte las brumas,
> y susurran las yagrumas
> mientras él suspira triste.

Sigue un canto de rebeldía que es una despedida de Guarina, su compañera, que acepta finalmente el inevitable destino del hombre que se aleja para defender su patria, y le promete esperarlo. Entonces Hatuey lanza al aire su adiós de adioses:

> —¡Sí!, volveré, ¡indiana mía!,
> el indio le contestó
> y otro beso le imprimió
> con dulce melancolía.
> De ella al punto se desvía,
> marcha en busca de su grey,
> y cedro, palma y jagüey
> repiten en la colina
> el triste adiós de Guarina,
> el dulce beso de Hatuey.

Décimas como esas preparaban el fuero interno de los cubanos para intentar romper sus propias cadenas. Y claro que no fue Nápoles Fajardo el primer decimista. Otros poetas antes que él se encargaron de importar la décima de España, y ahora, cuando el Siglo XX se aproxima con pasos rápidos a su final, España vuelve a considerarla con el concurso de poetas hispanoamericanos actuales. El estudio dedicado por el profesor español Maximiano Trapero en la Universidad de Las Palmas de Gran Canaria, en su libro *La décima popular en la tradición hispánica*, prueba fehacientemente que la importancia de la mágica estrofa ha llegado hasta hoy. En Cuba fue reprimida cada vez que la dictó el patriotismo contra la opresión. Hubo poetas como Francisco Riverón Hernández, especializado en denunciar con décimas, por medio de la escritura, los males políticos en otras épocas. Entonces todavía la prensa existía en Cuba. Después, desde los años sesenta, los improvisadores empezaron a correr enormes riesgos por su decidida inclinación a la libertad. Recuerdo que en La Habana, cantándole a Martí, el improvisador Jorge Manuel Quesada se atrevió a terminar una de sus décimas con los siguientes versos que yo logré retener en la memoria:

Y como a tu rosa blanca
le está creciendo un rubí,
me asusta, José Martí,
estrechar tu mano franca.

Uno de los agentes castristas, presente en el acto, gritó que iba a buscar a la policía, y poco faltó para que, una vez más, la palabra libre fuera ahogada tras las rejas. El ambiente, entonces, se hacía cada vez más irrespirable, y la décima también tuvo que huir de Cuba para poder manifestarse con libertad. Entonces la décima, si en ocasiones voló con sus diez alas simbólicas hacia el extranjero, otras veces fue arriesgada balsera que con sus remos de ocho sílabas venció tiburones y mal tiempo. Pero volvió a vivir sin haber estado muerta. Salió de su letargo opresivo para retomar el micrófono libre y cantar en el exilio con Pablo León, Nicomedes Fernández, Julio Suárez, Dionisio Santana, Juan de Armas Castellanos, Jesús Lazo, Azael Díaz, Efraín Riverón, Isaac Corvo, Neida Revueltas, Isidro Cárdenas, José Antonio Tejeda, Enildo Padrón y tantos otros.

Finalizando, todo lo anterior me trae al recuerdo que en marzo de 1996, en la revista *Contacto* que se edita en California, se publicó un artículo del poeta y disidente cubano Raúl Rivero, bajo el título «Fulgor y muerte de la décima cubana». Denunciaba entonces Rivero las exigencias que un especialista de la Asociación Nacional de Agricultores Pequeños (ANAP), les hacía a los decimistas cubanos, en relación con el tema político, porque las espinelas debían manifestarse en defensa del marxismo. De ahí le vino a la décima su muerte supuesta, porque siguió viva, pero amordazada. Por eso discrepo de Rivero, ya que la décima sigue siendo en Cuba lo que nunca dejó de ser: escudo y bandera, voz de combate en la guerra y entusiasmo en la lucha por una república libre; clarinada de advertencia ante el peligro y grito musical de censura frente al oprobio. Su obligado silencio de hoy ha de ser la explosión de júbilo de mañana. Porque la décima es no sólo la voz humilde del pueblo, sino la expresión culta de muchos poetas. De ahí que su ausencia sea más hiriente que la de otras formas líricas. Y de ahí también que continúe vegetando en el subconsciente

XV

del cubano. Escondida, porque le prohíben asomar la cabeza independiente al compás de las cuerdas de una guitarra. Latente, pero latiente. Oculta y vibrante a un mismo tiempo. Con la frente inclinada, pero tomando impulso para volver a tostarse con el color de vida del sol de la libertad.

Y el sol de la libertad puede estar apagado setenta años en la Unión Soviética o cuarenta en Cuba. Pero, indefectiblemente, siempre, ¡siempre vuelve a brillar!

## PRESENTACION

*El Capitán José Muñiz Vergara, veterano de nuestras guerras de independencia, cultor de las buenas letras —que usaba como periodista el seudónimo de "El Capitán Nemo"—, publicó en 1938 esta edición de las poesías del Cucalambé, bajo su mismo título original de "Rumores del Hórmigo".*

*Más o menos en aquel mismo año tuve oportunidad de conocer a José Muñiz Vergara, como Jefe del Negociado de Prisiones de la Secretaría de Gobernación. Para esta posición lo designó su amigo personal y compañero de armas, el entonces Presidente de la República Coronel Federico Laredo Bru. No se lució Muñiz Vergara como funcionario de la Administración. Ni parecía despertar su interés aquel burocrático papeleo de sentencias, reclusiones, traslados y visitas de presos. Prefería dejar hacer a sus subalternos y conservar con sus amigos visitantes sobre temas que le resultaban más interesantes, principalmente literarios y patrióticos. Su sentido del deber quedaba satisfecho con su cronométrica comparecencia de cada día, a la hora exacta de comenzar las labores, y su permanencia allí hasta el momento mismo de la salida.*

*Era ya un anciano, aunque todavía erguido y animoso. Sus trajes de dril crudo todavía llevaban chaleco, sobre el que resaltaba una leontina de oro, cruzada en onda de bolsillo a bolsillo, a un extremo atado el reloj, de tapa grabada, y al otro el portamonedas metálico. Solía usar cuello duro y corbata negra de lazo. Y en el rostro sobresalían la mirada clara y penetrante y el amplio bigote blanco. Era un ejemplar humano de los que ya iban quedando pocos; un criollo refinado, erudito, liberal en sus ideas y patriota intransigente.*

*El 14 de julio de 1939, los empleados del Negociado de Prisiones celebramos la toma de la Bastilla: el Capitán ordenó comprar una torta y refrescos. Nada de bebidas. En su solapa se instalaba con tenaz permanencia un botón de la Liga Internacional de los Abstemios. "El borracho —solía decir evocando una vieja leyenda indostánica— recorre cuatro etapas de la escala zoológica: primero, como el loro, habla sin saber lo que dice; después, como el mono, hace reír con sus piruetas; más adelante es capaz de agredir, como el tigre, y, finalmente, se revuelca, como el cochino, en su propio fango."*

*Pero en Muñiz Vergara, más que su estampa criolla, admiraba su extraordinaria erudición. Había sido —y así lo confesaba— un lector insaciable, y disfrutaba ufano de una memoria excepcional. Nuestros lectores podrán comprobar —en la edición que hemos respetado casi íntegramente— la realidad de tal erudición en las letras y las ciencias. Ella se pone de manifiesto en el prólogo sobre la vida y la obra del poeta, y en la serie de notas que aparecen explicadas al final, donde se aclara el sentido de neologismos, vocablos indígenas y nombres topográficos, empleados profusamente en las décimas del Cucalambé, y se hace a veces algún comentario o juicio crítico no carente de interés; aunque, en muchas ocasiones no compartamos sus afirmaciones, como aquella en que sostiene la existencia del hombre terciario y la presencia de tribus indígenas en Cuba "hace 350.000 años".*

*"Ediciones del Exilio" —al reproducir la excelente obra del Capitán José Muñiz Vergara— ha querido, en primer término, proporcionar a la colonia cubana del destierro este valioso material de lectura; pero también rendir un homenaje de recordación y respeto, aunadas, a dos figuras cubanas de mérito: el Cucalambé, poeta-símbolo de nuestra lira campesina, y José Muñiz Vergara, personaje también simbólico de nuestro criollismo finisecular, pulcro, elegante, patriota y erudito.*

*Caracas, abril de 1964.*

MARINO PÉREZ DURÁN

# PROLOGO

*«Es la voz de la patria... Pide gloria...*
*Yo obedezco esa voz. A su llamada,*
*Siento en el alma abiertos*
*Los sepulcros que pueblan mi memoria.*
*Y, en el sudaio envueltos de la historia,*
*Levantarse sus muertos.»*

General JUAN ZORRILLA DE SAN MARTÍN
(Uruguayo)
*La Leyenda Patria.*

Sabios biólogos aseguran que «para conocer bien a los hijos, es necesario estudiar antes a los padres».

Como en cada libro hay exponentes del quimismo psicológico, de la idiosincrasia íntima y caracterizada del autor, cumple tratar de hacer conocer al poeta y patriota cubano Juan Cristóbal Nápoles Fajardo —El Cucalambé—; sus antecesores, su medio social circunciñente y cuantos detalles del mismo se conocen, antes de pasar a examinar y a exponer el contexto de su estimable libro.

Nada más propio para el caso que el escrito del señor Orfilio Gómez, pariente del autor de *Rumores del Hórmigo,* que, fielmente transcrito, dice:

## JUAN CRISTOBAL NAPOLES FAJARDO

### (Cook Calambé: cocinero salvaje, de pampanilla o taparrabo)

Fue educado por su abuelo, don José Rafael Fajardo, que, a la muerte de su esposa, doña Micaela de Gónra, abrazó el sacerdocio y fue durante largos años párroco y vicario de Las Tunas.

Inició su labor poética con motivo de la conspiración

11

de 1848, y se comprometió en la de Joaquín Agüero, en 1851. Coadyuvó a esa conspiración y a otras posteriores con décimas y proclamas que enardecían al pueblo.

En 1855 comenzó a recopilar sus producciones políticas, líricas, jocosas y populares, principalmente en lo bucólico, y con ellas formó un volumen, que se publicó sin aprecio alguno por parte de sus editores y sin que el autor, a la sazón empleado del Gobierno, pudiera intervenir en su publicación, más que por la venta de la propiedad, por los graves disgustos de que al punto se vio asaltado. Ese tomo es lo único que de Nápoles Fajardo ha llegado hasta nosotros; y para eso, en condiciones fraudulentas, mercantilistas, plagadas de incorrecciones.

---

Todas las iracundias llovieron sobre Nápoles Fajardo, que no acertaba a creer que fuera delito de lesa patria haber aceptado un empleo sin mando, sin compromiso y a la espera de cualquier movimiento revolucionario.

Atormentado por el conflicto moral en que se agitaba su vida, desapareció un día aciago del año 1862 de Santiago de Cuba, sin que desde entonces se volviera a saber de él... Apenas contaba entonces treinta y dos años de edad.

Faltó la evidencia material del cadáver; pero la lógica, certera y fatal, señalaba el suicidio como forzosa solución... Ni la esposa, con dos hijos, ni los padres o los hermanos recibieron jamás el más leve recado; todo quedó envuelto en un silencio verdaderamente de muerte

Y el que admite la posibilidad de habérsele visto en Alemania o los Estados Unidos, no hace sino juzgar del corazón ajeno por el propio.

---

La vocación bucólica del *Cook Calambé* fue excitada por el presbítero Fajardo, quien por su forzado retiro campesino encontraba consuelo en ella. A su discípulo le hizo traducir el Horacio del *Beautus ille*, el Virgilio de las *Geórgicas* y el Teócrito de algunas traducciones francesas. Desde luego, se requirieron las églogas de Garcilaso y las anacreónticas de Villegas. Con más empeño le incitaba a la emulación en recitaciones de la bucólica cubana, que, desde 1792, se había mostrado fragante y sincera en la famosa égloga «Albano y Galatea», con que sorprendió a todos en el Papel Periódico, de la Habana, el misterioso Ismael Raquenue; en otra, como «La piña», de Zaqueira, y mejor, en la «Silva Cubana» y «Eglogas», de Rubalcava, que había muerto, en Santiago de Cuba, en 1805. Bien se nota la influencia de estos autores cubanos en la obra de *Cook Calambé*.

Este, no obstante, quería para su bucólica más intensidad campesina en el sujeto y en el ambiente. No quería que su dicción fuese la de un hombre culto que, por condescendencia o alarde de habilidad, hablase de cosas del campo sin perder nada de su porte, modales y expresión. Para su objeto, rehusando endecasílabos y heptasílabos en silvas, liras y cuartetos, adoptó el metro popular en Cuba, la décima de octosílabos; y en vez de la elocución narrativa del espectador, usó con preferencia la subjetiva o íntima del actor, que habla espontáneamente de lo que en su propio interior experimenta. Y así, cuando relata, refiriéndose a campesinos, se identifica de tal modo con ellos, que parece uno de tantos. Y siendo el sujeto campesino, la dicción, para ser sincera y adecuada, había de mostrarse cual si fuera de un campesino. Y he aquí el arte especial del *Cook Calambé*: la dicción de sus décimas es perfectamente gramatical, sin vocablos toscos o desfigurados; pero la ideación, el mecanismo interno del raciocinio, es enteramente rural. Las décimas están pensadas *en guajiro*, y con esto se logra el éxito completo, sin necesidad de desfigurar las palabras para disimular el culto decir.

Muchos fueron donosamente engañados y le creyeron labriego. Por eso compuso, aparte de numerosas y fáciles poesías sentimentales y festivas, muchas y largas en esdrújulos asonantados y de consonancias que por su fluidez demuestran que su autor era persona de copioso léxico. Abundaban tales juguetes en

España durante aquella época, pero eran muy raros en Cuba; y ante el dualismo literario de que disponía el *Cook Calambé*, es forzoso reconocer su arte y aplaudir su esfuerzo, asignándole preferente puesto en la bucólica cubana.

Los enemigos políticos de Nápoles Fajardo, como él había vivido mucho tiempo en el campo, le llamaron «salcochador de yerbas del monte», «indio escondido» o «negro cimarrón»; pero él, sin desconcertarse, adoptó en seguida el seudónimo de *Cook Calambé*, en que la palabra inglesa significa *cocinero*, y la indígena, *delantal, taparrabo,* como explica Pichardo, o *pampanilla,* como quieren los antiguos diccionarios castellanos.

La pronunciación *cuc* de la primera palabra, ligada a la segunda, producía la variante *Cucalambé*, muy del gusto del pueblo, porque es el perfecto anagrama de la frase *Cuba clamé*.

---

Nápoles Fajardo, como se ve, fue educado por su señor abuelo, sacerdote, durante largos años párroco y vicario de las Tunas. En gran parte de su obra hay citas bíblicas y alta fe cristiana, lo que determinó que hasta los que adversaban su amor a los siboneyes cubanos respetasen su doctrina. Es indudable que las enseñanzas del abuelo influyeron en el nieto. En casi toda nuestra América han existido sacerdotes y pastores adornados de la virtud de la perseverancia impuesta por su fe. Entre otros, pueden ser citados los dos sacerdotes mejicanos Miguel Hidalgo y Costilla, propulsor de «El grito de Dolores», y José María Morelos y Pavón, cura de Caracuaro y uno de los fundadores de la progresista República Azteca. «La Inquisición española falló que "el presbítero don José María Morelos era hereje formal, fautor de herejes, perseguidor y perturbador de la jerarquía eclesiástica, profanador de los santos sacramentos, cismático, lascivo, hipócrita, enemigo irreconciliable del cristianismo, traidor a Dios, al Rey y al Papa".» El patriota Morelos fue fusilado en 1815, y Agustín Iturbide, General mejicano al servicio de la tiranía española, llegó a ser Emperador de Méjico, traicionando a los que antes había incondicionalmente servido, si bien su dignidad imperatoria le duró poco, ya que, a su vez, fue fusilado en 1824. El Partido Republicano no transigió con el gobierno imperial, y desplazó a Iturbide, quien marchó a Europa. de donde regresó para reconquistar su corona, encontrando una condena muerte, que dio fin a sus insaciables ambiciones.

Ningún libro publicado en Cuba ha sido más popular que *Rumores del Hórmigo,* o más propiamente escrito, *El Cucalambé,* pues que así es como se conoce la obra. El Partido Separatista hizo suyos los simbolismos que en el libro campean. «El Cacique de Maniabón» describe las tristezas del pueblo de Cuba por boca del Cacique Amey, diciendo:

Ya yo he perdido, ¡ay de mí!
la herencia de mis abuelos;
perdí mis verdes ciruelos
y mis montañas perdí.
Mi primoroso cansí
cayó entre horrible fragor;
de la grey que fui señor
quedaron muy pocos vivos,
y mis hijos son cautivos
del soberbio vencedor.

En «Hatuey y Guarina», pese a la pena del indio jefe, se exterioriza la esperanza de que su voz volverá a resonar, no sólo en su batey, sino entre toda su grey, diciendo bellamente:

«Yo soy «Hatuey», indio libre
sobre la tierra bendita,
como el caguayo que habita
debajo del ajenjibre.
Deja que de nuevo vibre
mi voz allá entre mi grey
que resuene en mi batey
el dulce son de mi guamo
y acudan a mi reclamo
y sepan que aún vive Hatuey.»

«La Primavera» constituye una obra maestra de cautela y, al mismo tiempo, de expresividad patriótica.

Léanse las dos muestras siguientes, que los patriotas anteriores y posteriores a la guerra grande, y también los anteriores y posteriores a la de 1895, sabían plenamente y cantaban esperanzados y jubilosos con el más pequeño motivo, no sin causar recelos y desagrados entre el elemento colonial, que simulaba despreciar profundamente el recuerdo de los indios siboneyes, vergonzosamente degenerados y afeminados, según sus enemigos; al par que a los criollos amantes de la libertad, calificados de bijiritas e inofensivos en todo caso.

«Ya vendrán las noches bellas
en que despúes de un aguaje
no empañe ningún celaje
el fulgor de las estrellas.
Se escucharán las querellas
de las aves nocturnales,
crujirán los colosales
árboles del bosque umbrío,
y oiremos crecido el río
sonar en los pedregales.

También vendrán las mañanas
en que la neblina densa
extienda su capa inmensa
sobre las verdes sabanas,
las ceibas americanas
se alzarán sobre los montes,
los melodiosos sinsontes
cantarán acá y allá,
y el Sol iluminará
los cubanos horizontes.»

Como el famoso cazador de perdices «que apuntaba a las corvas para dar en las narices», Nápoles Fajardo positivamente apuntó sobre el pirata Morgan, para dar sabe Dios sobre qué Comandante militar español despótico o sobre qué guerrillero criollo, caracterizado instrumento de la tiranía más o menos cooperativista.

Releyendo con calma la composición dedicada al famoso pirata, se trasluce la intención del autor, pues que, según Don Quijote ilustrando a Sancho, «verdaderamente es muy ciego el que no ve por tela de cedazo».

*Rumores del Hórmigo* o *El Cucalambé* es libro verdaderamente valioso por muchos conceptos, y predominantemente por haber sido, tal vez, el primero que se imprimió con el deliberado propósito de servir a la causa de la libertad y de la independencia de Cuba, aunque el peligro que entrañaba la orientación determinase que se disimulara y ocultara lo más posible. Es sobre este punto emergente desde donde debemos contemplar la obra de Nápoles Fajardo. El culto al indio siboney, el amor al campo y al campesinaje cubano, valiendo mucho, son, no obstante, aspectos secundarios dentro de la idea que inspiró la composición de la obra.

Don Enrique José Varona, sabio, ejemplar y austerísimo camagüeyano, refiriéndose al libro que cito, dijo:

«Las poesías del *Cucalambé* fueron el vademécum de mi niñez. De los poetas de su época, fue, sin duda, el que estuvo más cerca del alma del pueblo. Lo que en Fornaris parecía artificio, era en Nápoles Fajardo el fondo mismo de su arte. Su recuerdo va unido a mis tempranas aficiones poéticas. Fueron los *Rumores del Hórmigo* el primer libro de versos que se me hizo familiar.»

Muchas familias cubanas de las que tuvieron que expatriarse por la guerra que estalló en 1868 tenían en el extranjero un ejemplar de *El Cucalambé*, como Varona llama a *Rumores del Hórmigo*, con tanto amor y respeto, como generalmente suelen tener la Biblia en los buenos hogares nórdicos.

En Méjico, en aquella época, se hizo una edición casi para uso de la colonia cubana; he visto un ejemplar en poder del acrisolado patriota don Manuel Patricio Delgado, quien, inspirado en su amor a Cuba y en el recuerdo de las poesías de *El Cucalambé*, dio por nombre a sus diez hijos los siguientes: *Hatuey, Guáimaro, Cuba, Yara, Libertad, Céspedes, Baire, Patria, Mackinley y América.* El segundo de los relacionados, al presentarme a su señor padre, me habló entusiasmado de estos temas cubanos siempre gratos. Verdaderamente, Guáimaro puede no tener energías de cacique; pero es sencillo, llano, grato y digno de estimación personal, como un legítimo guaimarense o natural de Guáimaro, el glorioso e histórico pueblecito del levante de Camagüey. Este es, por lo menos, el criterio de varias indianas amigas del predicho criollo con nombre siboney, del cual complacidamente tratamos aquí.

Hace años estaba *El Cucalambé* absolutamente agotado en las librerías, si bien no faltaban ejemplares en buenas bibliotecas cubanas. Culto amigo mío residente en Alemania, gran conocedor y comentador del *Martín Fierro* argentino, pidióme le obsequiase un ejemplar del libro cubano a que me refiero. Le busqué largamente, sin hallarle; y no resignándome con el hecho de no encontrarle, pedí a una casa española que edita algunos libros aquí hiciese una edición de *El Cucalambé*. Complacióme, e hizo una de mil ejemplares, que vendió harto caros, hasta que yo, refiriéndome a las bellezas del cubanísimo volumen, dije en diarios que la casa editora, efecto de su amor a Cuba (brillante por su ausencia siempre, en verdad), le vendía a razón de dos pesetas el ejemplar, aviso con el cual contribuí a aumentar la venta, mermando la ilícita utilidad de los vendedores, que celebraron mi humorismo, según me dijeron, no pudiendo decirme otra cosa.

Huelga escribir que dicha edición estaba más abundante de erratas que lo que suelen estarlo libros como éstos, generalmente. Las palabras indias, como «behique», «semí», «naborí» y muchas otras, no estaban definidas, como nunca estuvieron, ni aun en la primera edición. Muchísimas otras, peculiares de nuestro medio geográfico, resultaban desconocidas por la generalidad de los cubanos letrados. Sólo un don Manuel Mártínez Moles o algún que otro ameritadísimo Fernando García y Grave de Peralta saben bien de cosas originaria y positivamente propias del campo y del campesinaje cubano, el primero, y de extremos pertinentes a indios de Cuba, el segundo.

Queriendo cohonestar en parte tal estado de cosas, reflejado en el libro cubanísimo editado por extranjeros caracterizados, conocedores de nabos y grelos, pero no de pitajayas, pitajoní y casabe, escribí un artículo periodístico prometiendo que algún día intentaría yo —Dios mediante— hacer lo que ahora hago, sin ánimo

18

de lucro material y sin pedir ayuda ni crédito a nadie absolutamente a nadie, en sentido oficial, ni particular ni comercial. Sólo con el deseo de que no se olvide *El Cucalambé* y de que, en vez de olvidarse, se le conozca, recuerde y ame mucho más, es lo que me guía en mi cubano y cubanizante propósito, concorde con Martí, que dijo: «Honrar, honra.»

Esto, naturalmente, puede ser calificado de «rareza» y de «mal negocio». Hasta habrá quienes encuentren mala y criticable la obra. Confieso, con la franqueza que me caracteriza, que el hecho me tendrá sin cuidado. Antes bien, celebraré que no guste a los austriacantes y anticubanos, a los que, curándome en salud —pues que soy harto madrugador y precavido—, aplico «*desde ya*» —como suelen decir los argentinos— conceptos clásicos de quienes escribieron:

«¡Pobre Pedancio!, a mi ver,
tu simpleza es singular.
¡Quién te mete a criticar
lo que no sabes leer!»
«Tu crítica majadera
de los versos que escribí,
Pedancio, poco me altera;
más pesadumbre tuviera
si te gustaran a ti.»

---

«La Isla de Cuba, la mayor y la más occidental del archipiélago de las Antillas, se halla situada en la zona tórrida y muy próxima al trópico de Cáncer, al lado occidental del Océano Atlántico y hacia el centro del Continente americano. Extiéndese entre los 19°, 49' y 23°, 13' de latitud septentrional y los 67°, 51', 8" y 78°, 40', 22" de longitud occidental de Cádiz.»

«Se halla separada de la Florida por 32 leguas; de Santo Domingo, 15; de Jamaica, 25, y de la Península de Yucatán, 38 leguas.» Descubierta la Isla de Cuba, fue bautizada con los siguientes nombres: Alfa y Omega, Juana, Fernandina, de Santiago, San Salvador e Isla del Ave María. El sustantivo Cubanacán denotaba entre los indios el centro de la Isla, y «nacán», en lengua siboney, indica *lo mejor*.

En Cuba habitaron tribus o naciones en la época terciaria procedentes del sur de América, hace más de trescientos cincuenta mil años. Desaparecieron o extinguiéronse estas razas, y después de muchos siglos, ya cuando lo que hoy se llama Cuba era una isla, estaba separada del Continente americano, habitáronla otras naciones venidas del Norte, como lo denotan los «cercados térreos» hallados en la Sierra de Maya. Como estos «cercados térreos» son muy parecidos a los que se encuentran desde las fuentes de Allegani, hacia el Oeste, a lo largo de la costa meridional del lago Erie y al través de los costados de Michigan o Wisconsin, hasta el de Iowa y el territorio de Nebraska, hay que deducir que el país cubano estuvo en un tiempo habitado por razas análogas a las de los pueblos pre-colombinos, en lo que hoy conocemos bajo el nombre de Estados Unidos de la América del Norte.

Por Cuba pasaron pueblos y civilizaciones distintas de la civilización siboney, que era la nación que Colón encontró al descubrir aquella Isla el año 1492.

Los siboneyes eran de origen maya, raza procedente del Norte que pobló la América Central y las Antillas. Esta raza mezclóse en Cuba con la que entonces la habitaba, descendiente de los apalaches de la Florida, pueblo que en época aún desconocida para la historia invadió las costas cubanas, y de esta fusión derivóse la nación siboney, cuyos individuos no presentaban en sus formas la robusta musculatura de las tribus del Norte, ni en la expresión del rostro asomaban los instintos de sangre que hacían horribles a los caribes, ni tenían en el aire y movimientos el aspecto marcial de los haitianos.

«La soberanía era hereditaria, y observaban una regla simple, pero sagaz, para perpetuar la verdad de la descendencia. Cuando el cacique moría sin dejar sucesión, pasaba la autoridad soberana a los hijos de las hermanas, y no a los de los hermanos, pues decían que los hijos de los hermanos podían muy bien no tener parentesco alguno con el tío, y los de las hermanas forzosamente habían de ser sus sobrinos.» Como se ve, aun entre los mansos y sufridos siboneyes se infringía abusivamente el sexto mandamiento del Decálogo.

El indio cubano, sin tener la fiereza del caribe venezolano y el vigor del araucano chileno, distaba de ser el hombre degenerado, medroso, abúlico e inútil que se ha dicho por los que, queriendo justificar su destrucción, han apelado al recurso de infamarle.

«Demócratas por temperamento los siboneyes, vivían entre sí como si fuesen una sola familia, y no hacían esclavos a los prisioneros de guerra ni los sacrificaban, yendo a la lid sólo cuando su independencia y libertad peligraban.»

Fue un mal, sobre distintos aspectos humanos, la destrucción de los indios. Los revolucionarios mejicanos contra Porfirio Díaz clamaron siempre por los derechos de los indios aztecas. Allí, entre otras tribus, restaban las de los Pericúes, Guayacuras, Yrumas, Arizonianos, Cocopas, Tarumaros, Opatas, Apaches, Comanches, Yaquis, Mayos, Nahuas, Coahuilas, Tamaulipas, Irritilas, Guachichiles, Zacatecas, Otomíes, Mazahuas, Tarascos, Chichimecas, Chiapas, Mixtecos, Juxitecos, Popolucas, Totonacos, Comitecos y Chamulas.

De 1910 a 1920 escribí y laboré cuanto pude en pro del derecho a la vida que tenían y tienen los indios mejicanos en su gloriosa Patria.

En los Estados Unidos de Norteamérica se hizo también campaña destructora de los indios. Algunas de aquellas tribus eran guerreras y cazadoras, efecto de lo cual vendieron cara su libertad y su vida. Entre otras agrupaciones de indios americanos, pueden citarse las de los Chipewas, Sioux, Apaches, Navajos, Delawares, Abenakis, Cheyennes, Hurones, Eries, Tuscaroras, Cayugas, Onondagas, Cherokis, Monakanes, Asiniboinos, Dakotas, Pawnies, Kiowas, Creeks, Choctaws, Semínolas y Apalaches. Hoy, felizmente, en los Estados Unidos como en Méjico, los indios son considerados y respetados en el debido grado, constituyendo factores sociales de considerable utilidad colectiva, ya que el clima, el medio ambiente y los factores circunfusos les son favorables, lejos de serles contrarios, como ocurriría si se tratase de extranjeros procedentes de otros medios sociales y de otras latitudes geográficas.

No han faltado en colonias españolas de América americanos sostenedores de la conveniencia de haber sido destruidos los indios. Tal inhumanidad no debe extrañarse. El servilismo y la adulación a los que imperan, por injusta y cruelmente que lo hagan, es planta letal de todas las latitudes. El inspirado poeta Milanés, en el año de 1838, se vio obligado a escribir, respecto de otro poeta cubano, esto:

«Y ¿qué es mirar a este vate?
¿Ser escabel del magnate
Cuando el festín?
¿Cantar sin rubor ni seso
Y disputar algún hueso
Con el mastín?»

El haber destruido a fuego y sangre a los indios ayer fue tan injusto y tan perjudicial como lo sería hoy tratar de destruir, o siquiera denegar, sus indiscutibles derechos a los cubanos de raza camítica o etiópica, a los que la libertad, la independencia y la riqueza material de Cuba deben tanto. Destruir vidas humanas siempre es criminal y perjudicial a las colectividades. La variedad de razas no impide la consistencia y la reciedumbre de las naciones. Dígalo la Confederación Helvética, en que tantas religiones, idiomas y razas viven y prosperan. Díganlo también, para no citar más, los Estados Unidos y la Argentina, que parecen haber hecho suyo el aserto sustantivo del inmortal revolucionario francés, que en los albores de la gran revolución por Los Derechos del Hombre dijo: «La patria del hombre debe ser todo el mundo, y su familia, toda la Humanidad.»

Un grande de nuestra América por su sabiduría, por su austeridad y por su inmenso valer moral y científico: José INGENIEROS, respondiendo a amigos suyos que le recibían al regresar a su patria desde la vieja y aberrante Europa, dijo estas palabras, que pudieran ser como el imperativo categórico orientador de Cuba, país en el cual lo extranjero, por inferior que sea, es tenido en más que lo cubano, por mucho que esto valga.

He aquí lo dicho por Ingenieros al finalizar su discurso Aprendámoslo, no lo olvidemos y apliquémoslo:

«Amar a este hogar común es dignificarse a sí mismo. Hacer que se robustezca el tronco de este árbol, que a todos juntos nos da sombra, es una forma de sentir el más elevado egoísmo colectivo.

Procuremos para ello ser células vigorosas del orga nismo en formación, pensemos que la intensidad de cada individuo, obtenida por el esfuerzo y la energía, es un elemento de la grandeza total. Seamos piedras distintas que concurren a combinar el mosaico de la nacionalidad; seamos todos diversos en tamaño, en color, en brillo, pero todos armónicos dentro de la finalidad grandiosa del conjunto.

Seamos profundos en la vida, libres en la idea, enérgicos en la acción. Procure cada uno enaltecer el nombre de todos con su esfuerzo, agitando su personal divisa bien alto, ante propios y extraños. Propongámonos vivir una vida propia, enorgullecedora.

Aspiremos a crear una ciencia nacional, un arte nacional, una política nacional, un sentimiento nacional, adaptando los caracteres de las múltiples razas originarias al marco de nuestro medio físico y socioló gico. Así como todo hombre aspira a ser alguien en su familia, toda familia, en su clase, toda clase en su pueblo, aspiremos también a que nuestro pueblo sea alguien en la humanidad.»

Esto, en verdad, es la voz de la Patria. Todos debemos atender esa voz, sentir en el alma abiertos los sepulcros que pueblan nuestra memoria, envueltos en el sudario de la Historia, como quiso, como obtuvo para el Uruguay el patriota y poeta General Zorrilla de San Martín, autor de la Leyenda Patria uruguaya.

JOSÉ MUÑIZ VERGARA

(*El Capitán Memo*)

## A JUAN C. NAPOLES FAJARDO

Hay un palacio de flores
En medio del mar Caribe,
Que luz del Cielo recibe
En torrentes de fulgores,
Todo perfumes, colores,
Cielo azul, vivos paisajes
Do de floridos boscajes
Salen corriendo a bandadas [1],
Tojosas de las cañadas,
Sinsontes de los ramajes.

Jamás aquí el mejicano
Ostentó riqueza y gala,
Ni el cacique de Tlascala
Alzó banderas, ufano,
Ni el indómito araucano
Mostró fortaleza suma
Ni rizó a la mar espuma
Bajel cargado de gloria,
Ni se supo aquí la historia
De Atahualpa y Moctezuma.

No: los hijos de esta tierra
Vivieron bajo sus lomas [2]
Como nido de palomas
Escondido allá en la sierra,
Odiaron siempre la guerra,
Pues de paz fueron sus leyes,
Grabando en altos mameyes,
Anchas ceibas, cedros, robles...
Hospitalarios y nobles
Son los indios siboneyes.

¡Cuba!, ¡Cuba!, tú vivías
Tranquila, sin opulencia,
Mas bañada en inocencia,
Al sol dulce sonreías;
Y aún de esos primeros días
Guardas vírgenes praderas,
Se alzan altivas palmeras
Y aún, corriendo en giros vagos,
Flamencos van por tus lagos,
Guanaras por tus riberas [3].

Si adora el árabe fiel,
Como el pastor a su huerto,
A su patria que es desierto,
A un bruto que es un corcel.
¿Qué harás tú que en un vergel
Naciste al son de las fuentes
Donde brotan las corrientes
De los cóncavos peñones
Y ciñen verdes festones
Llanos, selvas y pendientes?

Si el águila en una peña
Nace y adora su nido,
¿Qué hará un vate que ha nacido
En esta Cuba risueña?
Si aquí el agua se despeña
En mil campos de verdura,
Si Dios, cual don de ternura,
Al formar la tierra esférica,
Grabó en medio de la América
El sello de la hermosura.

Pinta, pues, tanta belleza
Con tu cántico sonoro,
Ensalce tu lira de oro
Tan rica naturaleza,
Una flor en tu cabeza
Pondrá el pueblo, no laureles,
Ni rosas, ni mirabeles,
Ni flor de extranjera playa,

Sólo alguna pitajaya[4]
De los cubanos vergeles.

Si esa flor en fausto día
Consigue tu canto suave,
Serás más feliz que el ave
Libre en la región vacía.
Alza la frente sombría,
De gozo bate las manos,
Te coronan tus hermanos
Con flor que modesta viste,
Mas es, aunque está tan triste,
Una flor de los cubanos.

JOSÉ FORNARIS

# A D. JOSE FORNARIS

## INVITACIÓN

Tú que de Cuba has nacido
Entre las flores y plantas,
Y con dulce anhelo cantas
Como el sinsonte en su nido;
Tú, cuya voz ha sabido
Cautivar mi corazón,
Que de tu cítara al son
Me conmueves dulcemente,
Oye y acoge indulgente
Mi sincera invitación.

Tú en esta tierra naciste
Donde se alza la jocuma [6],
Aquí donde la yagruma [7]
De blancas hojas se viste;
Donde nace verde y triste,
Temblando, el «morivoví» [8],
Donde crece el almiquí [9],
Que otros ácana llamaron,
Y donde un tiempo cantaron
Los indios de Jiguaní.

Creciste al son de las aguas
Del Bayamo caudaloso [10],
En cuyo cauce onduloso
Vagaron blancas piraguas [11];
Contemplaste las yamaguas [12]
Que hay del río en las riberas,
Las florecientes praderas
Entusiasmado admiraste,
Y de tu patria cantaste
Los cedros y las palmeras.

En tu carrera brillante
Sigue cantor peregrino,
Que necesita el Turquino [13]
Quien lo bendiga y lo cante:
Fija la vista un instante
Sobre tu pueblo natal,
Canta con voz celestial
Bajo del cedro y la juba [14],
Las bellezas que hay en Cuba
En la provincia oriental.

Así como suena el río,
Como cantan los sinsontes,
Como susurran los montes
Y se mece el bosque umbrío.
Asimismo, amigo mío,
Resuena tu grata voz.
El aire hiende veloz
Y dulce como ella sola,
Uniendo al nombre de «Lola»
Los nombres de Cuba y Dios.

Imite tu voz rotunda,
Cuyo dulce timbre alabo,
El rumor del Yarayabo [15],
Que alegre prado circunda
Las montañas que fecunda
El Cauto undoso en su giro,
Allí donde el caguajiro [16]
Enreda el duro jiquí [17],
Están pidiéndote a ti
Una canción y un suspiro.

Esas inmensas sabanas
Que encomia el viajero al paso,
Donde florece el caguaso [18]
Entre esbeltas yuraguanas [19]:
Entre praderas lozanas,
Donde crece la gejira [20],
Donde la copiosa güira [21]
Es de belleza un portento,

Demandan, al son del viento,
Los preludios de tu lira.

Aquí donde los jagüeyes [22]
Albergue de los sinsontes,
Dominan los altos montes
Cubiertos de Curujeyes [23].
Donde crecen los cupeyes [24]
Envueltos en jimirú [25],
Do el esbelto manajú [26]
Y otros árboles se mecen;
Hay bellezas que merecen
Quien las cante como tú.

Canta, ¡oh! bardo, canta, pues,
Los montes que admiro y amo,
Y las glorias de Bayamo
Cante el cisne bayamés.
La patria de Milanés
Bendiga tu dulce voz,
Y tú, caminando en pos
De la gloria que hoy ansías,
Cantarás noches y días
A Lola, a Cuba y a Dios.

Yo, mísero trovador,
A quien el Hórmigo inspira [27],
Al son de mi pobre lira
Juro ser tu imitador.
No carezco de valor
Cuando inspirado me siento;
Y aunque mi débil acento
Al santo empíreo no suba,
Para ensalzar a mi Cuba
Tengo sobrado ardimiento.

Cuando tú del Almendares
Junto a las márgenes verdes
Los behiques nos recuerdes [28]
Al son de dulces cantares:
Y en los fértiles palmares

Que hay de mi Cuba en el Centro.
Si la inspiración encuentro
En sus murmullos frecuentes,
Cantaré las florecientes
Montañas de tierra adentro.

Yo recorriendo la linda,
Feraz provincia de Cueiba [29],
Gozaré bajo la ceiba [30]
Que fresca sombra me brinda.
Aunque el cansancio me rinda,
Iré de valle en colina,
Y en la selva peregrina,
Sin perder una hora sola,
Cuando tú cantes a Lola,
Yo cantaré a mi Rufina.

## EL AMANTE DESPRECIADO

Por la deliciosa orilla
Que el Cauto baña en su giro
Iba montado un guajiro
Sobre una yegua rosilla:
Una enjalma era su silla,
Trabajada en Jibacoa,
De flexible guajacoa [31],
Llevaba en la mano un fuete,
Y puesto al cinto un machete
De allá de Guanabacoa.

Fuera de sus pantalones,
Mecíale la fresca brisa
Las faldas de su camisa
guarnecida de botones.
Llevaba unos zapatones
De pellejo de majá,
Flores de Guatapaná [32]
En la cinta del sombrero,
Y era el tal hombre un veguero
De las vegas de Aguará [33].

Embelesado del río
En la corriente de plata

De una guajirita ingrata
Recordó el infiel desvío:
Su ademán era sombrío
Y triste aquella ocasión;
Y herido su corazón
De mal vengados agravios,
Se escapó de entre sus labios
El nombre de Concepción.

Conchita fue la que un día,
Debajo de unos ciruelos,
Puso fin a sus desvelos
Diciendo que lo quería.
«Tuyo será, le decía,
Mi dulce y primer besito.»
Pero ésta, que amor bendito
Juró en pláticas sucintas,
Tuvo dos caras distintas,
«Como la hoja del caimito» [34].

Su pobre amante rendido,
Que se llamaba Apolonio,
Se entregó como un bolonio
A aquel amor fementido.
Otro joven del partido
Por su Conchita suspira,
Y ella, ardiendo como pira,
Entregóse a sus halagos,
Cual se rinde a los estragos
Del huracán la gejira.

Era Concha una beldad
Donosísima, aunque pobre,
Como la que está en el Cobre,
Virgen de la Caridad;
En lo mejor de su edad,
Silvestre flor peregrina,
Su boca dulce y divina,
Húmedos sus labios rojos,
Y seductores sus ojos
Como los de mi Rufina.

Por eso, el que la adoraba,
Aspirando ser su esposo,
Buscó su rival dichoso,
Que Camilo se llamaba.
A la sombra de una yaba [35]
Se vieron los mozalbetes,
Y entre dimes y diretes,
Rencorosos se injuriaron,
Y al punto desenvainaron
Sus relucientes machetes.

Camilo quedó vencido
Con una herida en el pecho,
Y Apolonio, satisfecho,
De emigrar tomó el partido.
Descarriado, perseguido
De la justicia severa,
Del Cauto por la ribera
Se alejaba lentamente,
Y con voz triste y doliente
Cantaba de esta manera:

«Adiós, ingrata beldad,
Coqueta sin sentimiento
Y voluble como el viento,
Que vaga en la inmensidad.
Tu inesperada crueldad
De furor mi sangre enciende;
Te amé como aquel que entiende
Del amor la santa ley,
Como quiere el curujey,
Al árbol donde se prende.

»Cifré en tu amor mi ventura,
Soñé mil veces contigo,
Y en mi corazón di abrigo
A la esperanza más pura.
Tú, con fingida ternura,
Diste fin a mi pesar,
Me juraste idolatrar
Con firme constancia en suma,

Y fue tu amor cual la espuma
Que forma el viento en el mar.

»Por ti, perjura hechicera,
Abandona este cubano
La alegre choza de guano
Donde vio la luz primera.
No alces luego lastimera
La voz pidiendo perdón,
Pues no soy en la ocasión
Ni tu amante ni tu amigo.
Ni quiero cantar contigo
Debajo del marañón [36].

»Adiós; y ya roto el hilo
De mi amor en mil pedazos.
Vive feliz en los brazos
De tu amoroso Camilo.
Yo voy a buscar asilo
Al pueblo de Camagüey,
Y ojalá, mujer sin ley,
Qne, pese a tu dulce arrobo,
Te suceda como al jobo [37]
Cuando la enreda el jagüey.»

Dijo; y dando a su rosilla
Unos cuantos latigazos,
Se perdió entre los ramblazos [38]
Que hay de aquel río en la orilla
De una elevada llanilla [39]
Susurró la ramazón,
Del céfiro al blando son,
Los guáranos se mecieron [40]
Y los montes repitieron
El nombre de Concepción.

# AL CACIQUE DE MANIABON

Bajo una verde caoba
Que azotaba el viento blando,
Estaba un indio entonando ·
Rústica y sentida trova.
Mientras el viento lo arroba
Y allí descansando está,
Mientras perdiéndose va
Su voz entre las yamaguas [41],
Oye el rumor de las aguas
En el limpio Yariguá [42].

Era su presencia altiva,
Negrísimos sus cabellos,
Sus ojos grandes y bellos,
Y su mirada expresiva:
Aunque perdió su nativa
Y rústica habitación,
Aunque los hados le son
Contrarios de todo punto,
Daba a sus trovas asunto
La toma de Maniabón.

De la guerra, los azares
Difíciles de contar
Le hicieron abandonar
Sus bellos y patrios lares.
Perdió sus verdes palmares.
Perdió su linda canoa,
Deshecha la popa y proa
Del Yarey en la corriente.
Cayó a manos del valiente
Cacique de Jibacoa.

Dispersada y perseguida
Quedó su tribu salvaje,
Y él, bufando de coraje,
Emprendió rápida huida.
Su vergonzosa caída
Dio con su timbre en el lodo,
Y al mirar perdido todo
Lo que amó con tanto anhelo
Fuera de su bello suelo,
Se expresaba de este modo:

Ya yo he perdido, ¡ay de mí!,
La herencia de mis abuelos,
Perdí mis verdes ciruelos
Y mis montañas perdí.
Mi primoroso cansí [43]
Cayó entre horrible fragor;
De la grey que fui señor
Quedaron muy pocos vivos,
Y mis hijos son cautivos
Del soberbio vencedor.

¡Allá te goces...! Yo acá,
Donde vivo, me sepulto,
Mi rabia y vergüenza oculto
Junto al fértil Yariguá.
Aquí, entre el sumacará
Y el verde pitajoní,
Recordaré lo que fui,
Contemplaré lo que soy,
Mientras maldiciendo estoy
A mi estirpe baladí.

Aquí, donde gimo y lloro,
Y entrambos labios me muerdo,
Noches y días recuerdo
El perdido bien que adoro.
Aquí mi suerte deploro
Al son de mi triste canto,
La vista al cielo levanto
En mi doliente fatiga,

Y no hay una mano amiga
Que enjugue mi acerbo llanto.

Dijo y calló de repente,
Ahogando amargos gemidos,
Porque llegó a sus oídos
Un rumor confusamente.
Alzó la morena frente
Al sol y a los vientos hecha:
Y como el odio sospecha
De la provincia en que estaba,
De blanca y sólida cuaba [44]
Puso en el arco una flecha.

Una bonita piragua,
Nueva, blanca y reluciente,
Al favor de la corriente
Surcaba despacio el agua.
Tras una robusta jagua
Se ocultó el indio al momento,
Y al notar su descontento,
Al ver cómo gime y llora,
Una indiana encantadora
Le dijo con blando acento:

¿Quién eres, pobre mortal,
Que cantando te lamentas
Y en estas riberas cuentas
Los granos del arenal?
Si tiene cura tu mal,
Aunque tu origen ignoro,
Si te ha hurtado algún tesoro
La ambición de un mal hermano,
Aquí tienes una mano
Que enjugue tu acerbo lloro.

El indio feliz que oyó
Palabras que no esperaba,
Su blanca flecha de cuaba
Del arco al punto quitó.
A la indiana se acercó

Con profunda humillación,
E hincado sobre el troncón
De un tendido yamaguey [45],
La dijo: —Yo soy «Amey»,
Cacique del Maniabón [46].

Desarmados y dispersos
Quedaron mis defensores
Merced a los invasores
Sanguinarios y perversos.
Mis contratiempos diversos
No hay frases con que os explique,
Pero aunque pobre cacique,
Miro mis tribus deshechas,
Me quedan mis blancas flechas,
Mis arcos de guaniquique [47].

¡Oh infeliz, oh desdichado!,
Exclamó la indiana bella,
Yo compadezco tu estrella,
Deploro tu triste estado.
Ven a vivir a mi lado
Lejos de tu vencedor;
Yo te ofrezco mi favor
Y mi piragua de ceiba,
Que el gran cacique de Cueiba
Es mi padre y mi señor.

Nunca vendrán tus contrarios
A los montes de Cuní,
Porque quedarán aquí
Sepultos los temerarios.
Tranquilos y hospitalarios
Somos todos por acá,
Y en Cueiba y en Yariguá,
Feraz y bello terreno,
Tiene renombre de bueno
Mi padre «Casicaná».

Sintió el indio dulcemente
Palpitar su corazón,

Y al inspirar compasión,
Sintió abrazada su frente.
Una esperanza en su mente
Brilló como brilla el oro,
Y con placer, con decoro
Y cierta sonrisa ufana,
Regaló a la hermosa indiana
Sus plumas de tocororo.

—Tomad, la dijo: esto os doy
Que mi gratitud indique,
Pues ya en vez de ser cacique,
Vuestro humilde siervo soy.
Si a Cueiba con vos me voy,
Si a todas partes os sigo,
Si el desconsuelo que abrigo
Permanece en mi memoria,
Cuando yo os cuente mi historia,
Vos suspiraréis conmigo.

Dijo, y saltando veloz
Al centro de la piragua,
A igual tiempo, sobre el agua,
Iban remando los dos.
Navegaban siempre en pos
De los rústicos bohíos,
Y entre dulces desvaríos,
Que ellos no más comprendieron,
Lentamente se perdieron
Entre juncos y macíos[48].

# EL BEHIQUE DE YARIGUA

No muy lejos de la antigua
Provincia de Maniabón
Se alza un esbelto peñón
En medio de una manigua [49].
Crece en su falda la sigua [50],
Florece y pare el cupey;
Enreda el verde seivey [51]
Los cedros murmuradores,
Y ostenta sus blancas flores
El venenoso quivey.

Hay una angosta vereda
Por un monte floreciente
Para que la indiana gente
Llegar a su falda pueda.
Aquí el cayajabo enreda [52]
Las ramas del sabicú [53],
Canta de noche el sijú [54]
Encima del marañón,
Y aún se llama este peñón
El cerro de Caisimú [55].

Allí do palma y jagüey
A veces el viento azota,
De Cuba en la edad remota
Se alzaba un pobre caney [56],
Hijo de la indiana grey.
Allí un hombre anciano está,
Y hasta a oír su acento va
De Guáimaro el gran cacique,
Que es Guanaley el behique
Del pueblo de Yariguá.

Bendícelo con afán
El cacique y el esclavo,
Desde el río de Jobabo [57]
Hasta el lago de Antón Brand [58].
Todos a su lado van
De vaticinios en pos,
Y bailan de dos en dos
En el redondo batey [59],
Cuando oyen de Guanaley
La dulce y sonora voz.

Oyendo las indias bellas
Y vertiendo puro llanto,
De flores de cardosanto
Van adornando sus huellas.
Entusiastas como ellas,
Los indios de aquella grey
Le llevan a Guanaley
Peces, frutas y yerenes [60],
Y de sus rojos burenes [61],
Las blancas tortas de ajey [62].

El los regalos recibe,
Su contento les explica,
Y, ufano, les pronostica
Siempre triunfar del caribe.
El porvenir les describe
Del país de los cubanos,
Y mientras besan sus manos
Y al bien de ellos coadyuva,
Les dice: —Seréis en Cuba
Siempre felices hermanos.

¡Oh! Nunca de nuestra grey
Perturbarán los contentos,
Ni los caribes sangrientos,
Ni los rayos de turey [63];
En mi rústico caney
Siempre hallaréis regocijos,
Tendréis placeres prolijos,
Los hados os premiarán,

Y dichosos vivirán
Los nietos de vuestros hijos.

Florecerán nuestras palmas,
Cantarán nuestros sinsontes,
Y en llanos, selvas y montes
Se extasiarán vuestras almas.
Gozaréis de dulces calmas
En vuestros pobres bohíos,
Y de nuestros bellos ríos,
Sobre las límpidas aguas,
Abatirán las piraguas
Ovas, juncos y macíos.

Oyen los indios mil veces
Esta voz que los conforta,
Y uno le entrega una torta,
Otros boniatos y peces
Sus oraciones y preces
Elevan todos por él,
De plumas bello dosel
Colocan sobre su asiento,
Y encuentran dulce su acento
Como la cubana miel [64].

Bailan contentos y ufanos
Mientras ven brillar el sol,
Y resuena el caracol [65]
En montes, selvas y llanos.
Aquellos buenos cubanos,
Aquella gente sencilla,
Aquella grey sin mancilla,
Al pasar junto al behique,
Como al semí y al cacique [66],
Le doblaba la rodilla.

Y al hundirse en occidente
El astro a quien adoraban,
De aquel sitio se alejaban
En tropel confusamente.
El behique tristemente

Se encerraba en su caney,
Y aquella inocente grey,
Que atraviesa llano y roca,
Bendice de boca en boca
El nombre de Guanaley.

Pasó un siglo y otro más.
Y pereció Guanaley;
Cayó su pobre caney
Para no alzarse jamás.
Perdieron su dulce paz
Guáimaro y Sibanicú [67],
Tembló en Cuba el sabicú,
Ardió en los campos la hierba,
Pero aún su nombre conserva
El cerro de Caisimú.

## MI HOGAR

A la orilla de un palmar
Que baña el fértil Cornito [68],
A la sombra de un caimito
Tengo mi rústico hogar.
Esbelto como un pilar,
Domina montes y llanos,
El viento arrulla los guanos
De su bien hecha cobija [69],
Y esta habitación es hija
De mi ingenio y de mis manos.

Cuando la tormenta ruge,
Cuando llueve y cuando truena,
Ella resiste serena
Del huracán el empuje.
Es su cumbrera de ocuje [70],
Sus llaves son de baría [71],
Sus viguetas de jatía [72].
Y de guamá sus horcones [73]:
Hay pocas habitaciones
Tan firmes como la mía.

—Con áites cerqué el redondo [74]
Y no pequeño batey,

Donde un frondoso mamey
Florece y pare en el fondo.
En este asilo me escondo
Con mi madre y mis hermanos.
Siembro alegre con mis manos
La feraz tierra que abono,
Amo a mi esposa y entono
Mis pobres «cantos cubanos».

Desde rocas y lagunas,
Desde montes y sabanas,
Oigo vibrar las campanas
De la iglesia de las Tunas.
Sin pesadumbres algunas,
Cuando acabo mi fajina,
Mi habitación peregrina
Bendigo una vez y dos,
Porque en ella canto a Dios,
A Cuba y a mi Rufina.

Bajo este pajizo techo,
Sobre este suelo precioso,
En mis horas de reposo,
Cuando, alegre y satisfecho,
Germinar siento en mi pecho
La dicha y la bienandanza,
Oigo el silbido que lanza
En el monte la cucuba [75],
Y el porvenir de mi Cuba
Contemplo allá en lontananza.

Este es mi hogar, en él vivo,
En él los minutos cuento,
Sin que turbe mi contento
Ningún recuerdo aflictivo.
Tiene tan dulce atractivo
Este asilo para mí,
Que existo dichoso aquí,
Cual vive el pez en el agua,
Como vive la tatagua
En la flor del serení [76].

Este es mi hogar, y aunque en él
No hay relucientes tesoros,
De plumas de tocororos,
Tengo en la puerta un dosel;
No luce aquí el oropel,
No brillan aquí diamantes,
Pero hay en sus habitantes
Hijos de raza cubana,
Paz, contento, fe cristiana.
Y amor a los semejantes.

Aquí hay asientos de yaba.
Tinajas de guayacán [77],
Piñas, cocos, mechoacán [78]
Y conservas de guayaba.
En ningún tiempo se acaba
La miel en mi colmenar,
Y para el gozo aumentar
En este pobre bohío,
Tiene rumores el río
Y murmullos el palmar.

Aquí, al lado de mi esposa,
Junto a mi madre adorada,
Recuerdo la edad pasada
De mi patria esplendorosa.
Cuando arrulla la tojosa
En las ramas del jagüey,
Cuando el esbelto mamey
La blanca luna ilumina,
Le refiero a mi Rufina
Las glorias del siboney.

Aquí, en sublime quietud,
Me halaga un hado propicio,
Detesto, aborrezco el vicio
E idolatro la virtud.
Alegre mi juventud
Paso sin penas ni daños,
Nunca temores extraños
Abaten mi pobre mente,

Y al cielo elevo mi frente
En lo mejor de mis años.

Amo a mi hogar, no me arredro;
Amo a mi rústica joya,
Como adora la bayoya [79]
La hueca raíz del cedro.
En él trabajo, en él medro,
En él cantando suspiro,
Y cuando del sol admiro
Los moribundos reflejos,
Me gozo oyendo a lo lejos
Las canciones del guajiro.

¡Oh mi hogar! Yo te saludo,
Yo te ensalzo y te bendigo,
Porque en ti seguro abrigo
Hallar mi familia pudo.
Ojalá el destino crudo
Me niegue golpes impíos,
Y que goce entre los míos
De vida apacible y larga,
Sin beber el «agua amarga
De los extranjeros ríos».

## LAS MONTERIAS

Yo, habitador de los bellos
Campos que el Hórmigo baña,
Sin ninguna pena extraña
Alegre trabajo en ellos.
Negros tienen mis cabellos
Los vivos rayos del sol,
Y al gozar el arrebol
De la aurora esplendorosa,
Soy feliz cual la babosa
Que vive en el caracol.

Soy labrador y hacendado
En estas tierras cubanas,
Sé correr en las sabanas,
Sé manejar el arado:
Soy un montero acabado.
Tras los puercos cimarrones
Tengo un par de navajones [80]
Que ni con piedras se mellan,
Y breves perros que huellan
Los más ocultos rincones.

Pasado mañana es día
De correr y de vocear,
Porque ya es tiempo de dar
Principio a las monterías.
No es pequeña la alegría
Que sienten mis buenos perros;
Cortantes están mis hierros
Y me enajena el placer,
Porque voy a recorrer
Montes, maniguas y cerros.

Correré por las montañas
Bajo guásimas y siguas,
Y de las grandes maniguas
Revolveré las entrañas.
Mi perro entre las marañas
Buscando se internará,
Y si con el rastro da
De algún puerco cimarrón,
Ensartaré mi jerrón [81]
En un palo de jibá [82].

¡Oh placer!, ya me parece
Ver realizados mis sueños
En esos montes risueños
Donde la macagua crece [83]:
Ya juzgo ver cómo mece
El blando viento los berros,
Cómo a orilla de los cerros
Luce la flor del tabaco
Y cómo salta el berraco
Perseguido por los perros.

Ya imagino que me encuentro
Dando dilatadas vueltas
Bajo las palmas esbeltas
Que se elevan monte adentro:
Ya supongo que en el centro
De esos florecientes montes,
Oyendo de los sinsontes
Los dulces y alegres trinos,
Veo entre ceibas y espinos
Los cubanos horizontes.

Ya mi ardiente fantasía
Presume a cada momento
Sobre un jobo corpulento
Ver comiendo una jutía [84]:
Oiré crujir la baría
Recostada en el jagüey,
Y haré que del babiney
El fango mi planta esparza,

Aunque me rompa una zarza
Mi sombrero de yarey [85].

Fumando viejo tabaco
Y oyendo ladrar los perros,
Por llanos, breñas y cerros
Correré tras el berraco:
Si lo veo y lo sonsaco
Y me escuda algún ateje [86],
Es muy fácil, aunque ceje,
Que el golpe de mi jerrón
Le atraviese el corazón
Y sin aliento lo deje.

Cuando compuesto lo tenga
Sobre una vara colgado,
Haré en el monte «un picado» [87]
Que salga a do me convenga:
Entonces, antes que venga
La noche con su tristura,
Antes que la sombra oscura
Se extienda sobre los cerros,
Oiré si ladran los perros
Otra vez en la espesura.

Cuando esté de andar cansado
Y de vocear esté ronco,
Me sentaré sobre el tronco
De algún mamey colorado;
Contemplaré embelesado
Los guayos de la colina,
Y sobre la blanca y fina
Cáscara de un anoncillo [88],
Con la punta de un cuchillo
Grabaré: «Isabel Rufina».

Si llego a perder mi rumbo
Y el hambre me causa pena,
Quién sabe si una colmena
De algún almácigo tumbo:
Si monte adentro me zumbo,

No soy yo un montero bobo,
Y si mi ruta enjorobo
Cuando más la sed me apriete,
Le pegaré mi machete
A las raíces de un jobo.

¡Oh Dios, Dios mío, Dios mío,
Que te adoro y no te veo!
¡Con cuánto anhelo deseo
Ir de las rocas en pos!
¡Oh!, corra el tiempo veloz,
Vengan esos bellos días,
En que yo en las tierras mías
Goce en momentos tan gratos
Los buenos y malos ratos
Que brindan las monterías.

## HATUEY Y GUARINA

Con un cocuyo en la mano
Y un gran tabaco en la boca,
Un indio desde una roca
Miraba el cielo cubano.
La noche, el monte y el llano
Con su negro manto viste,
Del viento al ligero embiste
Tiemblan del monte las brumas,
Y susurran las yagrumas
Mientras él suspira triste.

Lleva en la frente un plumaje
Morado como el cohombro [89],
Y el arco que tiene al hombro
Es de un vástago de aicuaje [90],
Aunque es un pobre salvaje
Y angustia cruel lo sofoca,
Desde aquella esbelta roca
Donde gime sin consuelo,
Los ojos fija en el cielo
Y a Dios en su ayuda invoca.

Oye el rumor de los vientos
En los atejes erguidos,

Oye muy fuertes crujidos
De los cedros corpulentos:
Oye los tristes acentos
Del guabairo en el corojo [91],
Y mientras su acerbo enojo
Reprime con gran valor,
Siente a sus pies el rumor
De las aguas del Cayojo.

Un silbido se escapó
De sus labios, y al momento,
Con pausado movimiento,
Una indiana apareció.
Cuando a la roca subió,
El indio ante ella se inclina,
Fue su frente peregrina
El imán de su embeleso,
Oyóse el rumor de un beso
Y la dijo: —¡Adiós, Guarina!

—¡Oh!, no, mi bien, no te vayas,
Dijo ella entre mil congojas,
Que tiemblo como las hojas
De las altas siguarayas.
Si abandonas estas playas,
Si te separas de mí,
Lloraré angustiada aquí
Cuando tu nombre recuerde
Como el pitirre que pierde [92]
Su nido en el ponasí [93].

¿Qué será de tu Guarina
Sin tu amor, sin tu ternura?
Flor del guaco en la espesura [94],
Palma triste en la colina,
Garza herida por la espina
Del yamagüey en la rama
Y cual la triste caguama [95]
Que a los esteros se zumba,
Lloraré y será mi tumba,
La Ciénaga de Virama.

54

Oyó el indio enternecido
Tan triste lamentación,
Palpitó su corazón
Y se sintió conmovido.
Ahogó en su pecho un gemido
La viramesa infelice,
Y el indio que la bendice
Y más que nunca la adora,
Las blancas perlas que llora
Enjuga tierno y la dice:

—¡Oh Guarina! Ya revive
Mi provincia noble y bella,
Y pisar no debe en ella
Ningún infame caribe.
Tu ardiente amor no me prive,
Mi Guarina, de ir allá.
Latiendo mi pecho está,
Y mis sentidos se inflaman
Porque a su lado me llaman
Los indios de Guajapá [96].

Yo soy «Hatuey», indio libre [97]
Sobre tu tierra bendita,
Como el caguayo que habita [98]
Debajo del ajenjibre [99],
Deja que de nuevo vibre
Mi voz allá entre mi grey,
Que resuene en mi batey
El dulce son de mi guamo [100]
Y acudan a mi reclamo
Y sepan que aún vive Hatuey.

¡Oh Guarina! Guerra, guerra
Contra esa perversa raza,
Que hoy incendiar amenaza
Mi fértil y virgen tierra,
En el llano y en la sierra,
En los montes y sabanas.
Esas huestes caribanas [101]
Sepan al quedar deshechas

Lo que valen nuestras flechas,
Lo que son nuestras macanas [102].

Tolera y sufre, bien mío,
De tu fortuna el azar,
Pues también sufro al dejar
Las riberas de tu río.
Siento dejar tu bohío,
Silvestre flor de Virama,
Y aunque mi pecho te ama,
Tengo que ser, ¡oh dolor!,
Sordo a la voz del amor,
Porque la patria me llama.

Así dicho, aquel valiente
Llora, suspira, se inclina,
Y a su preciosa Guarina
Dio un beso en la tersa frente.
Beso de amor, beso ardiente;
Sublime, sonoro y blando,
Y ella con otro pagando
De su amante la terneza,
Alzó la negra cabeza
Y le dijo sollozando:

—Vete, pues, noble cacique;
Vete, valiente señor,
Pues no quiero que mi amor
A tu patria perjudique;
Mas deja que te suplique,
Como humilde esclava ahora,
Que si en vencer no demora
Tu valor, acá te vuelvas,
Porque en estas verdes selvas.
Guarina vive y te adora.

—¡Sí!, volveré, ¡indiana mía!
El indio le contestó,
Y otro beso le imprimió
Con dulce melancolía.
De ella al punto se desvía.

Marcha en busca de su grey,
Y cedro, palma y jagüey
Repiten en la colina
El triste adiós de Guarina,
El dulce beso de Hatuey.

## AMOR A CUBA

Hijo soy de las montañas
De mi idolatrada Cuba,
Entre «El Dagme» y «La Juba»
He comido dulces cañas.
Yo he corrido en las marañas
De las sierras de Bayamo,
He navegado en el Guamo
Sobre una tosca chalana,
Y es también una cubana
La belleza que bien amo.

Estos montes encumbrados
Y estas pintorescas lomas,
Donde cantan las palomas [103]
Y rebraman los ganados,
Estos florecidos prados
Que darnos el cielo quiso,
Y esas flores que diviso
Entre verdes cardosantos,
Me recuerdan los encantos
Del perdido paraíso.

Yo contemplo esas colinas,
Esas escarpadas sierras
Y esas deliciosas tierras
Con sus flores peregrinas,
Veo las selvas vecinas
Donde canta el tocororo,
Oigo del zorzal canoro
El dulce y alegre acento,
Y repito en mi contento:
¡Cuba mía, yo te adoro!

Rústico y pobre guajiro
De estos terrenos feraces,
Canto mis bellos solaces
Al templado son del güiro.
Yo en este mundo no aspiro
A ser más de lo que soy,
Mil gracias al cielo doy
Contento con mi fortuna
Y con que me dieran cuna
Las tierras que viendo estoy.

Desde la pobre cabaña,
Donde vi la luz primera,
Contemplo la limpia esfera
Que el sol con su lumbre baña.
Yo miro de la montaña
El incesante rumor,
Me gozo viendo el verdor
De la pintoresca loma,
Y aspiro el fragante aroma
De la selvática flor.

Tras los cerdos caminando
Por esos altivos montes,
Esuché de los sinsontes
El cántico dulce y blando.
En mi Rufina pensando
Y mi suerte bendiciendo,
Voy continuamente·oyendo
Del Hórmigo en las riberas,
El rumor de las palmeras,
De las aguas el estruendo.

Yo nunca envidio el tumulto
De la alegre población,
Y en mi pobre habitación
Mis opiniones sepulto:
Aquí donde vivo oculto
Del mundo y su pompa vana,
Celebro de la mañana
El encanto y arrebol,

Y admiro el naciente sol
Que ilumina la sabana.

Bendiciendo mi fortuna
De noche con puro anhelo,
Gozo mirando en el cielo
La melancólica luna:
Allí cuento una por una
Las brilladoras estrellas,
Y al contemplarlas tan bellas
Allá en la celeste urna,
Oigo del ave nocturna
Las tristísimas querellas.

Por esos floridos llanos,
Entre primores diversos,
Alegre canto mis versos
Y mis romances cubanos.
Allí escucho los lejanos
Murmullos del mar bravío,
Y embelesado, del río
En la corriente ondulosa,
No me olvido de la hermosa
Que adoro con desvarío.

Canten otros las hazañas
Del que vence en cruda guerra,
Que yo canto de mi tierra
Los mangos, piñas y cañas[104].
Quémense otros las pestañas
Estudiando noche y día,
Mientras yo con alegría,
Siempre corriendo entre flores,
Me extasío en los primores
Que encierra la patria mía.

Yo detesto la ambición
De esos que haberes ostentan
Y en el mundo representan
El papel de tiburón.
Me mueven a compasión

Esos que viven sin calma,
Que, erguidos como la palma,
Desprecian a los demás
Y no conocen jamás
La tranquilidad del alma.

Yo adoro, en fin, la virtud,
Con la pobreza me aduno,
Y estimo como ninguno
La doméstica quietud,
Del sol en esa altitud
Me deslumbran los destellos,
Bendigo los campos bellos
Donde vi la luz primera,
Y ojalá que cuando muera,
Halle mi sepulcro en ellos.

## LAS VAQUERIAS

Ya se aproximan los días,
Hermosos como ninguno,
En que damos los montunos
Principio a las vaquerías.
Rebraman las vacas mías,
Relincha la yegua baya,
Y es preciso que yo vaya
Del monte a lo más espeso,
Para cortar exprofeso
Un largo cuje de yaya [105].

Compuesta tengo la enjalma
Con juncos de la laguna,
Y la he cubierto con una
Empleita de hojas de palma,
Ya mi corazón se ensalma
Y de entusiasmo se loa
Porque de Majibacoa [106]
Deben traerme mañana
Una jáquima de guana [107]
Y un bozal de guacacoa [108].

Ladrando mi perra negra
Y todos sus cachorrillos,
Lucen sus blancos colmillos
Más agudos que una legra.
Ya el vecindario se alegra
Cual otras mil ocasiones,
Yo afilo mis navajones
Porque sé lo que me espera,
Y tengo la enlazadera
Amarrada a los correones.

Con mi sombrero de guano
Y con mi rústico equipo,
Seré el verdadero tipo
De guajirillo cubano.
El cuje en mi diestra mano
Silbará como saeta,
El viento mi chamarreta
Arrollará en dos por tres,
Y crujirán en mis pies
Los zapatos de vaqueta.

Con un pañuelo terciado
Sobre del hombro derecho,
Casi la mitad del pecho
He de llevar adornado.
Iré a mi gusto sentado
Sobre mi enjalmita fina
Y pendiente en la pretina
Mi machete lucirá,
En un cinto de majá
Bordado por mi Rufina.

¡Oh!, no habrá ningún vaquero
Que en la carrera me aguante,
No habrá ninguno que cante
Como yo cantar espero.
Nadie será tan certero
Como yo al tirar un lazo;
Mi limpio desembarazo
Admirará el que me viere,
Y no habrá quien no pondere
La soltura de mi brazo.

Yo soy hombre que jamás
Ni vacilo ni me azoro,
Aunque me remeta un toro
Por delante o por detrás,
El cuerpo le saco, ¡zas!,
Y a retroceder le obligo,
Y valiente lo persigo
Por los bosques más internos,

Que siempre fui de los cuernos
El más atroz enemigo.

Si algún toro que corseo
El monte quiere tomar,
Yo lo sabré despuntar
Y meterlo en el rodeo.
Si mientras canto y voceo,
Se desparrama el ganado
Y algún cornudo arrojado
Me embiste sabana afuera,
Con la desjarretadera
Lo he de tumbar de costado.

Yo recorreré las playas
De pedregales desnudas
Aunque me puncen agudas
Espinas de pitajayas.
Yo he de oir las guacamayas [109]
Cantando en los yamaqueyes,
Veré volar los cateyes
Sobre las praderas rasas
Y oiré silbar las yaguasas [110]
En montes y babineyes.

Vosotros los que vivís
Del pueblo entre las riquezas,
No comprendéis las bellezas
Campestres de mi país.
¡Oh!, vosotros no sentís
El dulce placer que siento,
No veis cómo arrulla el viento
Nuestras flores al nacer,
Ni alcanzáis a comprender
La dicha que experimento.

Nunca tendréis del verano.
En la estación peregrina,
Los besos de una Rufina
Ni el son del tiple cubano.
No correréis por el llano

Oyendo los tocororos,
Ni oiréis rebramar los toros
Por la tarde en el rodeo,
Ni tendréis, como poseo,
Tantos campestres tesoros.

Venid a estos campos bellos,
Que Dios con su luz bañó,
Y viviréis, como yo,
Siempre felices en ellos.
Contemplaréis los destellos
Del sol en las serranías,
Admiraréis las barías
Cubiertas de blancas flores,
Y gozaréis los primores
Que ofrecen las vaquerías.

# A RUFINA

Desde una ciénaga

Aquí, mi prenda querida,
De esta ciénaga en el centro,
Gratos solaces encuentro
Y paso alegre la vida.
Aquí se ve entretejida
La verde y silvestre grama,
El agua que se derrama
Forma dúlcidos rumores,
Y ostenta variadas flores
La ensenada de Virama.

No se alzan aquí caobas,
Cedros, ceibas ni palmeras,
Pero se extienden, rastreras,
Las flores de verdes ovas.
Aquí entono yo mis trovas,
Aquí te canto, mi bien,
Oigo del mar el vaivén
Cuando el céfiro lo arrulla,
El graznido de la grulla
Y el murmullo del jején [111].

Me distraigo algunos ratos
Los pantanos recorriendo,
Y entre los juncos oyendo
Las yaguasas y los patos,
Los manglares inmediatos
Crujen noches y mañanas,
Y allá en las playas lejanas
Pasan cantando la vida
Los patos de la Florida,
Los títeres y guananas [112].

Si bellas de Cuba son
Las selvas y las colinas,
Si sus flores peregrinas
Halagan mi corazón,
Hoy de dulce inspiración
Siento aquí el influjo santo,
Pienso y medito, y en tanto
Que mi corazón delira,
Al son de mi pobre lira
Gozoso la voz levanto.

Bellas son estas riberas
Donde se arrastra el carey [113],
Donde florece el quivey
Entre verdes cortaderas.
Bellas son las tembladeras
Cubiertas de verde lama,
Y si sobre ellas derrama
Su blanco brillo la luna,
Es bella como ninguna
La ciénaga de Virama.

Cantan aquí los guareaos [114]
Y silban los gavilanes,
Y entre el agua los caimanes
Persiguen a los dajaos.
Se alzan corpulentos guaos
Allá en las costas vecinas,
Y en las aguas cristalinas
Suelen verse retratadas
Las numerosas bandadas
De mil aves peregrinas.

De estos floridos pantanos,
Junto a las márgenes bellas
Casi distingo las huellas
De los antiguos cubanos.
De algunos montes lejanos
Contemplo el verde capuz,
Y cuando del sol la luz
Esparce tibios reflejos,

Me gozo viendo a lo lejos
Las rocas del Cabo Cruz.

¡Oh!, si me vieras, bien mío,
Tal vez te causara asombro,
Con una escopeta al hombro,
Entre el junco y el macío:
Cuando ruge el mar bravío
Y brama iracundo el trueno,
Palpita mi joven seno
De mis venturas en pos,
Y pienso en Cuba y en Dios
Con rostro firme y sereno.

Si me vieras caminando
Al son de dulces rumores,
Sobre estas plantas y flores
Que arrulla el céfiro blando:
Si vieras de vez en cuando
La concha de una caguama
Sobre la menuda grama,
A suspirar te pusieras
Y conmigo bendijeras
La ciénaga de Virama.

Aquí se goza, y aquí,
Sobre las blancas espumas,
Ostenta sus bellas plumas
El precioso colibrí.
Aquí nada el bonasí [115],
Brilla la arena en las playas,
Se elevan como atalayas
Los mangles verdes y bellos
Y alegres cantan en ellos
Encarnadas guacamayas.

En medio de estos manglares,
Que se columpian gentiles,
Brillan las conchas, reptiles
Y caguamas de los mares.
Al compás de mis cantares

Y al son de mi pobre lira,
La garza en el aire gira,
Cantan las bellas gaviotas,
Y el murmullo de mis notas
Entre bázaros expira.

En fin, entre mil delicias
Y bellezas que resaltan,
Unicamente me faltan
Tus besos y tus caricias.
Gozo aquí gratas franquicias,
Contemplo este panorama,
Aquí mi mente se inflama
Y bendigo mi fortuna,
Que es bella como ninguna
La ciénaga de Virama.

# NAREY Y COALINA

India noble y hechicera
Del feraz Guacanayabo [116],
Lozana como el guayabo
Que florece en la pradera,
Esbelta cual la palmera
Que a la montaña domina,
Arrobadora y divina
Cual la luz de la mañana,
Tal era en su edad temprana
La candorosa Coalina.

En el llano y en la cúesta
De su provincia feraz,
Cual la paloma torcaz,
Era sencilla y modesta.
Si en deliciosa floresta
Buscaba dulces rumores,
Bajo los ramos de flores
Gozosa se adormecía
Soñando al morir el día
Con sus dúlcidos amores.

Los caciques comarcanos
Suspiran todos por ella,
Todos al verla tan bella
La idolatraban ufanos.
De sus ojuelos cubanos
Admiraban los destellos
Y a sus plantas muchos de ellos,
Entre amorosos delirios,
Con cardosantos y lirios
Adornaban sus cabellos.

Pero ella, que amando vive,
Por otro amor ya delira,
Y desdeñosa suspira
Si algún obsequio recibe.
De la sierra va al declive
A oir el rumor del agua,
Y bajo el cedro o macagua,
Aspirando el fresco ambiente,
Suspira constantemente
Por el cacique de Jagua.

Así pasaba sus días
En los llanos y en los montes,
Oyendo de los sinsontes
Las alegres melodías.
Así sus melancolías
Disipó la bella indiana,
Regocijándose ufana
Cuando el rutilante sol
Inundaba de arrebol
La floresta y la sabana.

Una tarde deliciosa,
Bajo un corpulento jobo,
Sintió dulcísimo arrobo
Su alma dulce y candorosa.
Oyó arrullar la tojosa,
Contempló el cielo sereno,
Palpitó su amante seno
Una, dos, tercera vez,
Y vio postrado a sus pies
A un joven indio moreno.

—¡Oh! ¿Quién eres?, preguntó
La indiana sobresaltada,
Y el joven una mirada
En su semblante fijó.
A sus pies se arrodilló
Con entusiasta ardimiento,
Y en el acceso violento
De la dicha que imagina,

A la modesta Coalina
Dijo con sonoro acento:

—Yo soy el indio más fuerte
De las lomas de Maniabo,
Vengo de Guacanayabo,
Indiana, sólo por verte.
Si tengo la buena suerte
De hallar en ti compasión,
Si por mí alguna ilusión
En tu joven alma encierras,
Tuyas son todas mis tierras
Y tuyo es mi corazón.

La fama de tu hermosura
Hasta mi pueblo llegó,
Y a ofrecerte vengo yo
Un amor todo ternura.
Es tan sublime y tan pura
Esta idea con que arguyo,
Tan digna del pecho tuyo,
Tan melancólica y bella
Como el brillo de una estrella,
Como la luz de un cocuyo.

¡Oh!, si tu mente concibe
Este afán que me domina,
Ven a mis tierras, Coalina,
Que allí no pisa el caribe.
Allí mi familia vive
Bajo el cedro y el cuyá [117]:
Y para ti tengo allá
Blancos lirios, verdes yedras
Y tornasoladas piedras
En las lomas de Aguará.

Allá tengo entre los míos,
Adonde trabajo y medro,
Una piragua de cedro
Para pescar en mis ríos.
Tengo allá bellos bohíos

De palma y de tibisí [118],
Mis hamacas tengo allí
Para mi grato recreo,
Y todo cuanto poseo,
Todo será para ti.

Allá en las verdes sabanas
Hay títeres y guariaos,
Y en los montes y en los saos,
Sabrosísimas iguanas [119],
Brillan en bellas mañanas
Los terrenos de Maniabo,
Allá abunda el cayajabo,
Y vírgenes aún están
Los montes de Camasán,
Los valles de Guabaciabo.

Ven, pues, a vivir conmigo,
Que tal ventura merezco,
Bella indiana, yo te ofrezco
Seguro y feliz abrigo,
Si tanta dicha consigo,
Perla del Guacanayabo,
Seré en mis tierras tu esclavo,
Tu antojo será mi ley:
Esto te ofrece Narey,
Indio fuerte de Maniabo.

Concluyó con voz sumisa
El buen indio su querella,
Y desdeñosa la bella,
Ostentó amarga sonrisa.
La fresca y sonora brisa
Los árboles arrulló,
El amante se apoyó
Sobre el tronco de una palma.
Y ella, sin perder la calma,
De este modo respondió:

—Si en tu corazón encierras
Tanto amor, tal frenesí,

Si tienes piedad por mí,
Vuélvete, indiano, a tus tierras,
¡Oh!, yo no dejo mis sierras
Por las lomas de Maniabo,
Jamás de Guacanayabo
Podré dejar los caneyes,
Ni los mangos ni mameyes
De los montes de Cujabo.

Guárdate allá tu piragua,
Tu riqueza y tu valor,
Que es ya dueño de mi amor
El gran cacique de Jagua.
Yo soy la débil tatagua
De su ardorosa pasión,
Por él mis suspiros son,
Y a sus obsequios rendida,
Le consagré con mi vida
La fe de mi corazón.

Al concluir su respuesta
La joven y bella indiana,
Entróse en una cercana
Y deliciosa floresta.
Flexible, esbelta y modesta,
Se alejó con blando giro,
Y mientras de su retiro
La fresca sombra buscaba,
El joven indio exhalaba
Lánguido y triste suspiro.

Cargado de arcos y flechas,
Del mismo modo que vino.
Contempló triste y mohíno
Sus ilusiones deshechas.
Por las veredas estrechas
Huyó del Guacanayabo,
Y sin sufrir menoscabo
Ni en sus tierras ni en su asilo,
Volvióse a vivir tranquilo
A las lomas de Maniabo.

# GALAS DE CUBA

Cuba, mi suelo querido,
Que desde niño adoré,
Siempre por ti suspiré
De dulce afecto rendido.
Por ti en el alma he sentido
Gratísima inspiración.
Disfruta mi corazón
Por ti dulcísimo encanto,
Y hoy te bendigo y te canto
De mi ruda lira al son.

Cuba, delicioso edén
Perfumado por tus flores,
«Quien no ha visto tus primores,
Ni vio luz, ni gozó bien.»
Con dulcísimo vaivén
Besan tus playas los mares,
Se columpian tus palmares,
Gime el viento dulcemente,
Y adornan tu regia frente
Blancos lirios y azahares.

Los nísperos que florecen
En las vegas de tus ríos
Forman dulces murmuríos
Si al son del viento se mecen:
Te adornan y te embellecen
Montes y cañaverales,
Susurran tus caimitales,
Te cantan los ruiseñores,
Y arrulladas son tus flores
Por las brisas tropicales.

En la provincia oriental,
Bajo el cielo peregrino
Se eleva el monte Turquino,
Siempre verde y colosal.
Allí el alegre zorzal
Sobre las ramas saltando,
Ve en los peñascos rodando
Las flores que el viento quiebra,
Y a tu ardiente sol celebra
Con su canto dulce y blando.

Tú tienes risueños prados
Y seductoras campiñas,
Dulces y fragantes piñas,
Aves raras y ganados.
En tus montes elevados
Se columpian las jocumas,
Y en las plateadas yagrumas
Que se elevan en el llano,
El tocororo cubano
Luce sus variadas plumas.

Tus cristalinos torrentes,
Que entre flores se deslizan,
Tus praderas fertilizan
Con sus límpidas corrientes:
Hay a orillas de tus fuentes
Bellezas indescriptibles,
Y allí los juncos flexibles
En la vernal estación,
Besan las aguas al son
De los vientos apacibles.

Ostenta en ti el cocotero
Sus primorosos racimos,
Siendo sus frutos opimos
Envidia del extranjero.
Tus diagames en enero
Florecen siempre lozanos,
Mil primores soberanos
Tu faz de nácar destella,

Y eres «la tierra más bella
Que vieron ojos humanos».

Las guajiras que entre flores
Nacen en tus campos bellos
Tienen negros los cabellos
Y los ojos seductores;
Con sus gracias y primores
Son gratas cual la ambarina,
Donosas como una ondina,
Dotadas de ardientes almas,
Esbeltas como tus palmas,
Dulces como mi Rufina.

Son tus aguas exquisitas
Y regaladas tus frutas,
Y bellísimas las grutas
De las lomas de Cubitas.
Mil bellezas infinitas
Hay en medio de tus montes,
Y a tus vastos horizontes
Espléndida luz colora,
Cuando al despuntar la aurora
Cantan tus pardos sinsontes.

Son risueñas tus marañas
Y tus bosques pintorescos,
Y tus cedros gigantescos
Se alzan sobre tus montañas.
Tus plátanos y tus cañas
Al caminante recrean,
Te adornan y te hermosean,
De tu alma son los destellos,
Y son azules y bellos
Los mares que te rodean.

Se elevan los yamaqueyes
En tus terrenos feraces,
Y se anidan las torcaces
En tus esbeltos mameyes:
Sobre tus altos jagüeyes

Se alzan las ceibas lozanas,
Ostentan las yuraguanas
Verdes pencas bulliciosas
Y son alegres y hermosas
Tus dilatadas sabanas.

Dichoso el que admira en ti
Tus praderas florecientes,
Tus ceibas y tus torrentes
Y tu cielo azul turquí.
Tú eres siempre la que a mí
Me inspira «cantos cubanos»,
La patria de mis hermanos,
Del Nuevo Mundo una estrella,
Y, en fin, «la tierra más bella
Que vieron ojos humanos».

# A  RUFINA

Aquí me tienes, chinita,
En este grandioso ingenio,
Merced a mi alegre genio
Pasando vida exquisita:
Mientras mi pecho palpita.
Te canto con voz de tuba,
Porque aquí todo coadyuva
A que bien mi lira vibre,
Y respiro el aire libre
De los campos de mi Cuba.

De noche, cuando me acuesto,
Me embeleso, y, ¡ay de mí!,
Me pongo a pensar en ti,
De mi cansancio repuesto.
Nada encuentro aquí molesto,
Todo me alegra y agrada,
Oigo la bulla animada
De los duchos carreteros,
Las voces de los paileros
Y el rumor de la negrada.

Como yo aquí, mi cubana,
Con negro afán nunca lucho,
Me levanto cuando escucho
El toque de la campana;
A las seis de la mañana
El café suelo tomar,
Y silbando sin cesar,
Lo mismo que un clarinete,
Arrebato mi machete
Y me voy a trabajar.

Aquí se dobla una caña,
Allá un matojo se tiende,
Y de trozos se suspende
Una pila ya tamaña:
La gente que me acompaña
Se anima al ver mi destreza,
Hacia el corte se endereza
Con loca festinación,
Y a echar trozos al montón
Con loco furor empieza.

Yo trabajo concibiendo
Felices y alegres planes,
En tanto que los gañanes
Van la caña recogiendo:
Al son del terrible estruendo
Se alzan grandes polvaredas,
Y entre verdes arboledas
De plátanos y mameyes,
Tiran valientes los bueyes
Y crujen ejes y ruedas.

Brilla el sol, sopla el terral,
La atmósfera está serena;
Y a cada instante resuena
La cuarta del mayoral [120].
Inmenso cañaveral
Se extiende verde y sereno,
Le acometemos de lleno
Formando varios piquetes,
Y al golpe de los machetes
Dejamos limpio el terreno.

Por lo dicho, prenda mía,
Ya te puedes figurar
En lo que suelo pasar
Toda la noche y el día;
Es completa mi alegría,
Es cabal mi bienandanza
Y según el tiempo avanza
Y se acerca el mes entrante,

De tener plata bastante
Alimento la esperanza.

Sólo tengo el sentimiento
De encontrarme de ti ausente,
Sin ver tu espaciosa frente,
Sin oir tu dulce acento:
Mas ningún mal pensamiento
Viene mi dicha a turbar,
Pues nunca puedo dudar
Que tu amor, que es mi consuelo,
Es tan puro como el cielo,
Tan inmenso como el mar.

Adiós, pues, adiós, adiós,
Adorada prenda mía,
Adiós hasta el fausto día
En que nos veamos los dos;
Ya voy de la cama en pos,
Porque tengo mucho sueño
Y que con mayor empeño
Voy a trabajar mañana:
Adiós, mi dulce cubana,
Bella de rostro trigueño.

## LA PRIMAVERA

Ya vino la primavera
Sobre nuestros campos bellos
Y el sol fulgurante en ellos
Fuertemente reverbera.
En la selva y la pradera,
Cantan ya los ruiseñores,
Los zorzales trinadores
Alzan alegres el vuelo,
Y ya se entapiza el suelo
De hierbas, plantas y flores.

Susurran los platanales
Al pausado son del viento,
Y con blando movimiento
Se oyen murmurar los mares.
Ostentan ya los palmares
Verde pompa de esmeralda,
Y del cerro allá en la falda,
Para mayor hermosura,
El limpio arroyo murmura
Y el sol las peñas escalda.

Nubes de varios colores
De tarde en el firmamento,
Vagan a merced del viento,
Formando dulces rumores.
Los humildes labradores
Siembran las tierras que abonan,
Sus cosechas amontonan.
Gozan de dúlcidas calmas,
Y a las sombras de las palmas
Alegres trovas se entonan.

Las guajiritas hermosas,
Tan sencillas como ufanas,
Corren por esas sabanas
Detrás de las mariposas.
De las flores más hermosas
Contemplan los ramos bellos,
Y mientras juegan con ellos
Y hacen preciosas guirnaldas,
En sus trigueñas espaldas
Lucen sus negros cabellos.

Ya sonríen nuestros prados,
Florece el guao en las costas
Y en las veredas angostas
Rebraman ya los ganados.
Ya los montes escarpados
Verdes y bellos se ven,
El Cauto undoso también
Un grato murmullo forma,
Y mi Cuba se transforma
En un delicioso edén.

Frutos ostentan las jaguas,
Los atejes y mameyes,
Reverdecen los jagüeyes
Y óyense crujir las yaguas.
Fuertes y copiosas aguas
Fertilizan los terrenos.
Cristalinos y serenos
Están ya los lagunatos,
Y de noche algunos ratos
Se escuchan lejanos truenos.

Todo seduce y encanta
Bajo nuestro sol ardiente,
Cuba hermosa y esplendente
Su regia frente levanta.
Vegeta la estéril planta
De la sabana en la orilla,
La pura atmósfera brilla.
Pare el corojo en las sierras,

Brotan flores de las tierras
De nuestra feraz Antilla.

Ya vendrán las noches bellas
En que, después de un aguaje,
No empañe ningún celaje
El fulgor de las estrellas.
Se escucharán las querellas
De las aves nocturnales,
Crujirán los colosales
Arboles del bosque umbrío,
Y oiremos crecido el río
Sonar en los pedregales.

También vendrán las mañanas
En que la neblina densa,
Extienda su capa inmensa
Sobre las verdes sabanas.
Las ceibas americanas
Se alzarán sobre los montes.
Los melodiosos sinsontes
Cantarán acá y allá
Y el sol iluminará
Los cubanos horizontes.

Yo recorreré cantando
Los terrenos que poseo,
Y de mi tiple el punteo
Será delicioso y blando.
Subiré de vez en cuando
A la elevada colina,
Y la flor más peregrina
Sabré coger diligente,
Para engalanar la frente
De mi adorada Rufina.

¡Oh deliciosa estación!
¡Epoca de dulce encanto!
Yo te bendigo y te canto
De mi dura lira al son.
Gratísima inspiración

Siento bullir en mi mente
Al cielo elevo la frente,
Tus mil bellezas admiro,
Y me gozo cuando aspiro
Tu fresco vernal ambiente.

# BARTOLOME DE LAS CASAS

Como tras la tempestad
Viene la hermosa bonanza,
Como en pos de una esperanza
Llega la felicidad,
Como tras la sequedad
Vienen las lluvias no escasas,
Así con sus nobles basas,
Con su fe que al bien coadyuva
Vino a las playas de Cuba
«Bartolomé de las Casas».

Bajo sus pies el abismo
Contempló mil ocasiones,
Por traer a estas regiones
El sacrosanto bautismo.
Apóstol del cristianismo,
El Santo Evangelio explica,
Y con dulzura predica
Del Redentor la pasión,
En Guaimaya, Haniguanica [121],
Camagüey y Maniabón.

Al misionero divino
Los indios oyen atentos
Y repiten sus acentos
La Piedra, el Pan y el Turquino [122].
De este suelo peregrino
Hace que el terror se aleje,
Y sobre los que protege
Bendita el agua derrama
En Cauto, Nipe, Agabama [123].
Mayarí y Cuyaguateje.

El fue el amigo mejor
Que tuvo el indio cubano,
El fue el genio soberano
Benigno y conciliador.
Con evangélico amor
Siempre alzó la voz aquí,
Y dio este español «Semí»
De su bondad testimonio,
Desde el Cabo San Antonio
A la Punta de Maisí.

Bajo nuestro ardiente sol
En pro del indio coadyuva,
Gloria y consuelo de Cuba,
Honra del nombre español.
Los sones del caracol
Oyó en nuestros verdes llanos
Y alzando al cielo las manos,
Exclamó con ansiedad:
—¡Oh! ¡Piedad, piedad, piedad
Para los indios cubanos!

En las veredas estrechas
Los indios gimen y lloran,
Y su desgracia deploran
Al son de tristes endechas.
Aguzan sus duras flechas,
Construyen pobres bohíos,
Cazan en montes sombríos,
En profundos lagos pescan
Y su ardiente sed refrescan
En los más ocultos ríos.

Huyen muchos de los llanos
A las montañas internas,
Y en las profundas cavernas
Viven los pobres cubanos.
En los esteros lejanos
Oyen silbar las yaguasas
Y sus desventuras crasas
A endulzar un tanto vino

El dulce, afable y divino
«Bartolomé de las Casas».

Cuando en penosas faenas
Esclavo el indio solloza,
El santo padre destroza
Sus grillos y sus cadenas.
El los conforta en sus penas
Cuando estalla la discordia,
Y si en la dulce concordia,
Humildes besan sus plantas,
Cumple con ellos las santas
Obras de Misericordia.

Toleró el indio por él
Su amarga copa de acíbar,
El fue una gota de almíbar
En su destino de hiel.
Fueron dulces como miel
Las palabras de su boca,
Y en llano, montaña y roca
Lo amaron como a un «Semí»
El indio de Mayarí
Y el indio de Camarioca [124].

Doquiera un rústico altar
En su obsequio se levanta,
Doquiera el indio le canta
Su gran virtud ejemplar,
Corren todos a escuchar
Sus fervientes oraciones,
A verlos mil ocasiones
De fe y entusiasmo lleno,
Dijeron: —¡Oh, Padre bueno!
¡Oh! ¡Nunca nos abandones!

Pasa un siglo. El indio gime
Y en vano implora favor;
Corre el tiempo y no hay rigor
Que su estado no lastime.
No se oyó otra voz sublime

Henchida de fe cristiana.
Desde Maisí hasta La Habana
Brilló diferente edad,
¡Y... nada, no hubo piedad
Para la estirpe cubana!

# UN GUATEQUE EN YARIGUA

Era una noche de aquellas
Que en Cuba inspiran al vate,
Noches en que el pecho late
Al brillar de las estrellas.
Una de esas noches bellas
Y agradables como el bien,
Noches que hacen un edén,
De este mundo de Colón,
Que halagan el corazón
Y sólo en Cuba se ven.

De la luna al resplandor
Se divisa un caserío
Que al pie de un sonoro río
Allí es perenne el verdor,
Goza del dulce rumor,
Allí canta el chinchiguaco,
Hay enramadas de guaco,
Blancas flores de jibá,
Y allí se alza el Yariguá
Con sus vegas de tabaco.

De un pobre y honrado anciano
En las márgenes de un río
Se alzaba hermoso un bohío
Hecho de pencas de guano.
Tipo del indio cubano,
Siembra su feraz terreno,
Palpita alegre su seno,
Canta en sus horas tranquilas,
Y aún son negras sus pupilas
Y su rostro asaz moreno.

Una joven hechicera
Contenta a su lado mora,
Que es hija suya y la adora,
Con dulzura y fe sincera.
Cuando corre en la ribera,
Cuando en la vega camina,
Cuando sube a la colina,
Cuando vaga en los pensiles,
Es bella en sus quince abriles
Como lo fue mi Rufina.

Paloma indiana y sin hiel,
Idolo de los vegueros,
Sus ojos son dos luceros,
Su boca, un panal de miel.
Si a verla van en tropel,
Todos a su mano aspiran,
Todos ufanos la admiran,
Hermosa como ella sola,
Y todos penan por Lola,
Todos por Lola suspiran.

Por eso la noche aquella,
Bajo su techo de guano,
Al son del tiple cubano
La celebraban a ella.
Allí entra la joven bella
Se armó un guateque animado,
Y allí lucen a su lado,
Entre una y otra pirueta,
Los zapatos de vaqueta,
Las camisas de listado.

Había un gallardo veguero
En medio de aquella sala,
Entre todos se señala
Porque baila con esmero.
Era su nombre Severo,
Era fuerte como un tronco,
Su acento en extremo ronco,
Osado su corazón,

Y áspera su condición,
Como la del palobronco [125].

Otro de bello talante
También allí zapatea,
Y entusiasta se recrea
De Lola viendo el semblante.
Blasona de fino amante
Y ser feliz se promete,
Que es duro como el fustete [126],
Punzante como la jía [127],
Y hombre que todo lo fía
A su brazo y su machete.

Este que el nombre de Antonio
Desde la pila llevaba,
De su saña en testimonio,
A Severo denigraba,
No era Severo un bolonio,
Y al oir sus expresiones,
Dando a muchos empellones
Y a todos causando asombro,
Le puso un dedo en el hombro
Y le dijo estas razones:

—Si eres hombre y tienes brío,
Si eres de tan buena ley,
Vamos bajo aquel jagüey
Que se alza a orillas del río:
Ven, que allí te desafío,
Cuerpo a cuerpo, brazo a brazo.
Allí con desembarazo
Podrás tú saciar tus iras.
Y yo veré cómo tiras
Un revés y un machetazo.

Al oir razones tales,
Respondió con mofa Antonio:
—Te va a llevar el demonio
Si de aquí conmigo sales.
Allí te daré señales

De que soy hombre de ley,
Y bajo de aquel jagüey,
Hombre fanfarrón y terco,
Te arrastrarás como un puerco
Cuando le da el guararey [128].

Miráronse ambos a dos,
Y a Lola cantando oyeron,
Y de la sala salieron
El uno del otro en pos.
Sin encomendarse a Dios,
Sin hablar más expresiones,
Con perversas intenciones,
Pasados momentos breves,
Se dieron heridas leves
Y mortales bofetones.

Matábanse ellos por Lola,
Por Lola riña tan brava,
Por ella, la que bailaba
Contenta como ella sola.
Fresca como una amapola
En esos mismos instantes,
Al oir los insinuantes
Sones del cubano tiple,
Cantaba con gracia triple,
Cercada de otros amantes.

Mientras halagan sus oídos
Dulces y amantes secretos,
Los rivales indiscretos
Pelean enfurecidos.
Mas ya cansados y heridos,
Los rostros hechos mofletes,
Sin más dimes y diretes,
Y dando pausados tumbos,
Tomaron distintos rumbos
Envainando sus machetes.

Postrado Severo en cama,
Padece angustias crecidas,

Y Antonio de sus heridas
Sangre abundante derrama.
Este a Dios entonces clama
Y cree su instante postrero;
Arrepentido Severo
Llama a la Virgen María:
Y Lola al siguiente día
Casó con otro veguero.

# A RUFINA

Objeto de mis amores,
Ven al verde caimital,
Ven a escuchar del zorzal
Los trinos embriagadores.
Verás a los ruiseñores
Saltar en el zaragüey [129],
Ven, hija del Camagüey,
De mis ojos embeleso,
Ven a concederme un beso
«Allí donde habrá un jagüey».

Aquí, olvidados del mundo
Y de su gala mentida,
Hemos de pasar la vida
En regocijo profundo.
De Cuba el suelo fecundo
Nos dará vital sustento,
Y su limpio firmamento
Contemplaremos, en suma,
Bajo la blanca yagruma
«O algún cedro corpulento».

Aquí placeres gozando,
Oirás, mi querida indiana,
Cuál celebran la mañana
Las avecillas cantando,
Viviremos respirando
Amor, dulzura y contento,
Y la caoba que el viento
Haga estremecer airado,
A nuestro amor sublimado
«Que sirva de monumento».

Beberemos agua fresca
Del arroyo cristalino,
Que entre su flotante lino
Brinda regalada pesca.
Y en la cima pintoresca
Donde se eleva el cupey,
Donde se enreda el seivey [130]
Coronando el cardosanto,
Entonaremos un canto
«A la memoria de Hatuey».

En los frondosos mameyes
Y en las jaguas encumbradas
Contemplarás las bandadas
De cotorras y cateyes [131].
Oirás rebramar los bueyes
De las estancias vecinas,
Y en las aguas cristalinas
Del susurrante arroyuelo
Verás retratado el cielo
«Y tus facciones divinas».

Recorreremos los dos
Nuestras feraces campiñas,
Y entre los mangos y piñas
Bendeciremos a Dios,
De mil delicias en pos
Iremos a las montañas,
Y en las humildes cabañas,
Cuya sencillez bendigo,
Comeré junto contigo
Dulces y sabrosas cañas.

Tú sembrarás un papayo
Donde mejor te parezca
Y con agua harás que crezca
Más alto que un pararrayo.
Oirás en dulce desmayo
Mil cosas que te diré,
Y cuando la noche esté
Lloviznosa, oscura y fría,

Entre sueños, china mía,
Mi suerte bendeciré.

Debajo de un cocotero
Que crece a orillas del río
Hablaremos, ángel mío,
De nuestro amor verdadero.
Allí referirte quiero
Mis historietas cubanas,
Y entre chistes y jaranas,
Besos y cantos de amores,
Te coronaré de flores
De nuestras bellas sabanas.

De los hondos lagunatos
Que hay en las vegas del río,
Entre el junco y el macío
Verás nadando los patos.
Se cifrarán mis conatos
En amarte y complacerte,
Y para más convencerte
De mi amor inmenso y noble,
Te juraré bajo un roble
Ser tu amante hasta la muerte.

Y, en fin, para terminar
Mi invitación este día,
Te llevaré, indiana mía,
A los esteros del mar.
Allí te podrás bañar
A la sombra del bambú [132],
Y mientras que nadas tú
Y tu calor apaciguas,
Te contaré las antiguas
Ocurrencias del Perú.

## A RUFINA

### Invitación segunda

Con sus aguas fecundantes
Tenemos aquí el octubre
Y ya la tierra se cubre
De bellas flores fragantes.
Los jobos se ven boyantes [133],
En las corrientes del río,
El guajiro en su bohío
Canta con dúlcido afán,
Y pronto se acabarán
Los calores del estío.

Tengo, Rufina, en mi estancia,
Paridas matas de anones,
Cuyos frutos ya pintones
Esparcen dulce fragancia:
Hay piñas en abundancia
Dulces así como tú;
Hay guayabas del Perú
Y mameyes colorados,
Que comeremos sentados
Bajo el alto sabicú.

Tú en mi caballo alazán
Y yo en la yegua tordilla,
De la estancia por la orilla
Correremos con afán.
Verás qué verdes están
Los palmares inmediatos,
Contemplarás los boniatos [134]
Y las cañas bulliciosas,
Y en estas y en otras cosas
Pasaremos bellos ratos.

Pronto verás las orillas
Del arroyo y las barrancas,
Cómo se cubren de blancas
Y fragantes campanillas [135].
Las ciruelas amarillas [136]
Están madurando ya,
Muy pronto sazonará
La fresca y sabrosa caña,
Y el mijo allá en la montaña [137]
También madurando está.

De tarde recogerás
Los huevos del gallinero,
Y mi ordinario sombrero
Lleno a la casa traerás:
Un gallo giro verás
Que pienso poner en traba [138].
Porque los pollos me acaba
Con su maldita fiereza;
Ven, chinita, que ya empieza
A madurar la guayaba [139].

Te llevaré a un colmenar
Con cuyos productos medro,
Y que está bajo de un cedro
Al fondo del platanal;
La miel te daré a probar
Si, miedosa, no te alejas,
Y sobre unas palmas viejas,
Alterosas por demás,

A los pitirres verás
Acechando a las abejas.

Si a caminar te sonsaco
Por las riberas del río,
Contemplarás, ángel mío,
Lindas vegas de tabaco.
Allí oyendo el chinchiguaco
Por entre una y otra calle,
Tu pulidísimo talle
Sin rival te lucirá,
Y esbelto se mecerá
Como la palma en el valle.

De un ingenio que hay vecino
Te enseñaré los primeros,
Los negros trabajadores
Y las pailas y el molino.
De blanco azúcar refino
Verás al sol los tendales,
Y allá en los cañaverales
Has de oir, aunque te inquietes,
Fuertes golpes de machetes,
Voces de los mayorales [140].

De un cafetal inmediato,
Entre mil bellos objetos,
Los florecidos cafetos
También de enseñarte trato:
Allí descansando un rato
A la fresca sombra de ellos,
Cantaré tus ojos bellos,
Tus encantos soberanos,
Y te estrecharé las manos
Y besaré tus cabellos.

Y en fin, cuando nos cansemos
De tanto correr ufanos,
Cantando versos cubanos
A mi estancia volveremos.
Allí mil cosas haremos

Que quedarán inter-nós,
Y descansando los dos
Sobre rústicos asientos,
Bendeciremos contentos
A nuestra Patria y a Dios.

# MI HAMACA

A DON AGUSTÍN MARISCAL

De una yagruma encumbrada
Y un corpulento mamey,
Con dos jicos de yarey [141]
Tengo mi hamaca colgada [142];
En ella el alma cansada
Goza de dulce recreo,
Y cuando del cielo veo
Los deslumbrantes colores,
Me divierten los rumores
De los montes que poseo.

Cuando de cantar me antojo,
Lo hago meciéndome en ella,
Y su enjicadura bella
Es de pita de corojo [143].
En ella me hago un manojo
Cuando mi calor se aplaca,
Me embeleso en la oajaca [144]
Que en el dagame halla abrigo [145],
Y entusiasmado bendigo
Los vaivenes de mi hamaca.

Mecerme en ella es mi gloria,
Mi dicha es tenderme en ella
Y de nuestra Patria bella
Recordar la triste historia.
Allí traigo a la memoria,
Sin mal que me mortifique,
La dulzura del behique,
La humanidad del semí,
Las penas del naborí
Y las glorias del cacique.

El ronco rumor del trueno
Retumba en la inmensidad
Y ruge la tempestad
De las nubes en el seno.
Mas brilla el cielo sereno,
Alegre el sinsonte trina,
Y en mi hamaca peregrina
Gozo de dulce contento;
Y me duermo al son del viento
Y sueño con mi Rufina.

¡Oh!, mi hamaca es un tesoro,
Es una prenda preciosa,
Una joya primorosa
Que yo bendigo y adoro.
Sin ella suspiro y lloro
Y se desconsuela mi alma,
No encuentro placer ni calma
Del monte entre los verdores,
Ni me inspiran los rumores
Que el viento forma en la palma.

En las noches del estío,
Hermosas, claras y bellas,
Al brillar de las estrellas
Meciéndome gozo y río.
Dentro de ella desafío
El calor de la estación,
Mi ardoroso corazón
Con sus vaivenes se inspira,
Y ufano pulso mi lira
Y entono alegre canción.

Con eficacia y vigor
Trabaja mucho el montuno
Bajo el sol como ninguno
Ardiente y abrasador:
Vierte copioso sudor
Tolerando su destino;
Mas el viento vespertino
Del sol el ardor aplaca

Y halla el guajiro en su hamaca
El descanso peregrino.

Canta el labrador contento,
Aunque el cansancio lo rinda,
Porque la hamaca le brinda
Cómoda cama y asiento;
Su pausado movimiento
Infunde al pecho alegría,
Por eso yo amo la mía
En el monte y en el yermo,
Y de noche en ella duermo
Y en ella canto de día.

Ama la hermosa guajira
El agua de la corriente,
Do calma su sed ardiente
Y retratada se mira:
De la flor de la jejira
Ama los bellos colores,
Pero ama más que a las flores
Y quiere más que su vida
La hamaca en que, adormecida,
Sueña sus dulces amores.

En otro tiempo, a la hamaca
La idolatraban ufanos
Los indios camagüeyanos
Y los indios de Macaca [146].
Por eso, yo, cuando opaca
Brilla la luna en el cielo,
Cuando la noche su velo
Extiende triste y luctuoso,
En mi hamaca soy dichoso
Y en ella encuentro consuelo.

Bendígate Dios mil veces,
Dulce hamaca que poseo,
Tú que formas mi recreo
Y mis penas desvaneces,
Bendita tú, que le ofreces

Reposo a mi alma abatida,
Tú eres mi joya querida,
Mi más preciado tesoro,
Rústica prenda que adoro
Y descanso de mi vida.

# MORGAN

Sin más Dios que su ambición,
Sin más ley que la avaricia,
Con el crimen por delicia
Y la infamia por blasón:
Nutrido su corazón
De un abominable afán,
Perverso como Satán,
Siempre oprobio de su tierra,
Nació en la triste Inglaterra
Míster Enrique Morgán.

De sangre y oro sediento,
Con la más resuelta audacia,
Tuvo, por nuestra desgracia,
Un infame pensamiento.
Sin temer del elemento
Los desastrosos azares,
Dejó sus nativos lares
Buscando mejor destino,
Y se lanzó en frágil pino
A los casi ignotos mares.

En sus viles correrías,
Inhumano y sordo al llanto,
Fue el azote y el espanto
De aquellos aciagos días.
Cifró en las piraterías
Su gloria y dichoso afán,
Todo maléfico plan
Su audaz ingenio tramaba,
Y la América temblaba
Sólo al nombre de Morgán.

Pirata sin Dios ni ley,
Cuyo renombre aún espanta,
Holló con su infame planta
La patria del Siboney.
Cuando invadió el Camagüey
Con sus pérfidos villanos,
Blandieron los castellanos
Sus espadas y puñales,
Y doblemente fatales
Fueron los indios cubanos.

La pobre indígena raza,
Entre pesares prolijos,
Ni el padre encuentra a los hijos,
Ni el hijo a la madre abraza:
Trueca el indio por su maza
La sombra de su batey,
Se estremece el Camagüey
Y ve el momento cercano,
De conflicto al castellano,
De exterminio al Siboney.

Gimen las indias doncellas
Bajo palmas y corojos,
Y lloran sus negros ojos
Y exhalan tristes querellas.
Allí parecen más bellas
Con sus negros desconsuelos,
Y elevando hasta los cielos
Sus plegarias lastimosas,
Recuerdan las deliciosas
Epocas de sus abuelos.

Recuerdan los tiempos bellos
De dulces dichas y amores,
Cuando a coger iban flores
Del sol bajo los destellos.
No adornan ya sus cabellos
Sus blancos y azules lirios,
Sufren amargos delirios,
No encuentran piedad alguna,

Y deben a la fortuna
Pesadumbres y martirios.

La feroz horda pirata,
Tras la traición y el denuesto,
Profana el hogar modesto
Del siboney a quien mata.
Las alhajas de oro y plata
El vil caudillo atesora,
Impone al indio que llora
De esclavitud férreo yugo,
Y se convierte en verdugo
Del que su piedad implora.

A sus pies un indio anciano
Con triste rostro se humilla,
Allí dobla la rodilla
Pidiendo piedad en vano:
En pro del pueblo cubano
Habla con ardiente afán,
Llora con triste ademán,
Lamenta su suerte ingrata,
Y sus prendas de oro y plata
Echó a los pies de Morgán.

Tomad, le dijo, tomad,
Que esto es todo cuanto tengo;
Pero os advierto que vengo
A demandaros piedad;
Huyó la felicidad
De nuestros primeros años,
Y aunque entre penas y daños
Merecemos compasión,
Siempre los hados nos son
Incomprensibles y extraños.

Bajo palmas y yagrumas,
De algunos años acá,
Pocos ostentamos ya
Cimeras de ricas plumas.
Ya del bosque entre las brumas

No canta la bella indiana...
¡Oh!, si mi queja no es vana,
Si os conmueve mi llorar,
No acabéis de contristar
La pobre raza cubana.

Calló el indio, y el pirata,
Desoyendo sus gemidos,
Ejerce con los vencidos
Su ferocidad innata.
Todo rigor se desata,
Todo sufre menoscabo,
Y logró llevarse al cabo
El hombre sin Dios ni ley,
Las pieles del Camagüey [147]
Y el oro de Bayatabo [148].

# LOS INDIOS DE CUEIBA

A DON FRANCISCO AGÜERO Y AGÜERO

## I

¡Cueiba está aquí! Sus montañas
Ostentan regios verdores,
Y aquí se abren las flores
Más primorosas y extrañas;
En medio de sus montañas
Se alzan cedros y jagüeyes,
Y allí en rústicos caneyes
Hechos de pencas de palma [149]
Gozaron de dulce calma
Los más nobles siboneyes.

Los más bellos de la raza.
Hijos del agua y del sol,
Aquí al son del caracol
Blandieron la fuerte maza,
Invencibles en la caza,
Pobres en hacer cosechas,
Por las veredas estrechas
Que hay del monte en los declives
A los perversos caribes
Ahuyentaron con sus flechas.

Ellos con tostada faz
Fueron siempre en nuestra tierra
Bravos en días de guerra,
Buenos en tiempos de paz.
En la llanura feraz
Do se alzaban sus caneyes,
Vivían con pocas leyes

Bajo el ateje y la ceiba:
Tales fueron los de Cueiba
Extinguidos siboneyes.

Aquí las indias morenas,
Como ningunas hermosas,
Fueron castas, pudorosas,
Cual las blancas azucenas.
De gracia y encanto llenas
Y esbeltas cual las jocumas
De los cedros y yagrumas
Lindas hamacas colgaron,
Y en sus sienes ostentaron
Las más primorosas plumas.

Candorosas y modestas,
Con negros ojos rasgados,
Suspiraban en los prados
Y en las hermosas florestas.
Se adornaban en las fiestas
Con plumas de mil colores,
Guirnaldas de bellas flores
En los cabellos llevaban
Y en sus areítos cantaban [150]
Sus dichas y sus amores.

Fueron las indias doncellas
De aquella estirpe salvaje,
Puras como del guairaje
Las flores blancas y bellas.
Otras no hubo como ellas,
Ni en Jagua ni en Camagüey,
Bajo el cielo siboney
Fueron las más afamadas,
Las más dulces y agraciadas
De la primitiva grey.

De los prados florecientes
Sobre los bellos tapices,
Fueron hermanos felices
Y vasallos obedientes.

Suspiraban inocentes
Bajo la palma y el pino,
Del sol fulgente y divino
Adoraron los destellos,
Pero... brilló para ellos
Nueva edad, nuevo destino.

## II

Brilla en Cuba el mismo sol,
Cantan los mismos sinsontes,
En los valles y en los montes
Suena el mismo caracol:
El mismo hermoso arrebol
Cubre los altos corojos,
En los horizontes rojos
El mismo viento murmura,
Mas, ¡ay...!, es ya su hermosura
Admiración de otros ojos.

De un bajel junto al bauprés
Entre convicción y duda,
La contempla y la saluda
El osado genovés.
De las rocas al través
Mira los montes cubanos,
Y al ver tan floridos llanos,
Exclama con voz gozosa,
«Es la tierra más hermosa
Que vieron ojos humanos».

Olvidó el audaz marino
Sus pasados sinsabores,
Y ante tan raros primores
Vio sonreír su destino,
Con afán dulce y divino,
Con entusiasmo profundo,
De un sol hermoso y fecundo
Y la esplendorosa luz

Elevar hizo la cruz
Del gran Redentor del mundo.

Los sencillos habitantes,
En vez de huir pavorosos,
Se acercan todos, ansiosos
De ver a los navegantes:
Les llevan plumas brillantes
De diferentes colores,
Les llevan fragantes flores
De las recónditas grutas,
Ricos pescados y frutas,
Y cocuyos brilladores.

Los venturosos marinos
Viendo cosas tan extrañas
Se internan en las montañas
Y en los bosques peregrinos.
Oyen del zorzal los trinos,
De la sierra la esperanza:
Admiran tanta belleza,
Tantas flores, tantos prados,
Y bendicen extasiados
Tan feraz naturaleza.

Y allí Cristóbal Colón
Clavó con la diestra mano
Del monarca castellano
El espléndido pendón.
Del viento al pausado son
Flotó el primoroso lino,
El intrépido marino
De nuevo al sol saludó,
Y para Cuba brilló
Nueva edad, nuevo destino.


III

En medio de unos profundos
Y floridos cenagales,

Se arrastran unos mortales
Como reptiles inmundos.
El sol con rayos fecundos
Los fatiga en los pantanos,
Llevan de noche en las manos
Hermosísimos cocuyos...,
Eran Ojeda y los suyos,
Desdichados castellanos.

A tanto afán y fatiga
En balde buscan consuelo;
Parece que el mismo cielo
Su loca audacia castiga.
A sollozar los obliga
Su negra estrella contraria;
A Dios su humilde plegaria
Elevan en sus quebrantos,
Y allí encuentran unos cuantos
Triste tumba solitaria.

En aquella situación,
Tan funesta y angustiosa,
A una imagen dolorosa
Rindieron adoración.
Postrados en la inacción,
Abatidos de pesar,
La bendicen sin cesar
Cuando sus males acrecen
Y en mejor sitio le ofrecen
Una ermita y un altar.

Y sufren los castellanos
Las más crueles agonías
Treinta noches, treinta días
En medio de los pantanos.
Bajo los mangles lozanos
Lloran su suerte contraria,
Y al rumor de la plegaria
Que entonan en sus dolencias,
Deploran las consecuencias
De su empresa temeraria.

Mas ya de tantos rigores
Se apiada el cielo divino,
Y los impele el destino
Por otras sendas mejores:
Hermosas plantas y flores
Contemplan los castellanos,
Al cielo elevan sus manos
Sobre la tierra que pisan,
Y allá a lo lejos divisan
Unos montes y unos llanos.

Mientras alegres respiran
Y se encomiendan a Dios,
Caminan todos en pos
De las montañas que admiran.
Entusiasmados suspiran
En los valles y en los prados;
En los jigües encumbrados
Oyen cantar el solibio [151],
Y en Cuba encuentran alivio
A sus desastres pasados.

De aquel país las indianas,
Al son de los caracoles,
Llevan a los españoles
Las frutas más delicadas:
Les dan las tortas doradas
De sus redondos burenes,
Con regocijos perenes
Cantan bajo las yagrumas,
Y les regalan las plumas
Que llevan sobre sus sienes.

Las indias de negros ojos,
Benévolas y sumisas,
Le regalan las sonrisas
De sus dulces labios rojos.
Cocos, mangos y corojos [152]
Les ofrecen a dos manos,
Y al verlas los castellanos
Tan gallardas y hechiceras,

Las buscan por las praderas
Y las siguen por los llanos.

Allí el Capitán Ojeda,
Por cumplir lo que ofreció,
Una Ermita edificó
En medio de una arboleda:
Por una estrecha vereda,
Entre odoríferas flores,
De Cueiba los moradores
Llegan humildes a ella,
Y adoran la imagen bella
De la Virgen de Dolores.

Mientras algunas indianas
Dulces areitos entonan,
Otras la imagen coronan
Con hojas de las sabanas.
De las altas yuraguanas
Cortan las flores hermosas,
Tejen guirnaldas preciosas,
Forman primorosos ramos,
Y al dulce son de los guamos
Bailan gallardas y airosas.

Allí en la primer ermita
Que contempló el siboney,
Aquella inocente grey
Se postra con fe contrita.
En Dios el indio medita,
Y absorto un momento queda;
Oye en la verde arboleda
El manso rumor del viento,
Y en el santo monumento
Bendice el nombre de Ojeda.

Pasan tres siglos. No existe
La raza de negros ojos,
El sol con sus rayos rojos
De gala el campo reviste:
Aún se recuerda la triste

Peregrinación de Ojeda.
Aquella misma arboleda
Susurra al compás del viento,
Pero de aquel monumento
Ningún vestigio nos queda.

# EL AMANTE RENDIDO

Por la orilla floreciente
Que baña el río de Yara,
Donde dulce, fresca y clara
Se desliza la corriente,
Donde brilla el sol ardiente
De nuestra abrasada zona,
Y un cielo hermoso corona
La selva, el monte y el prado,
Iba un guajiro montado
Sobre una yegua trotona.

Joven, gallardo y buen mozo,
A su rostro esa ocasión
Daba lánguida expresión
Su negro y naciente bozo:
Un enorme calabozo [153]
Puesto en el cinto llevaba,
Y mientras que contemplaba
Los bellos ramos de flores,
Sus mal gozados amores
El infeliz recordaba.

Amaba a la bella Eliana
Con entusiasmo y ardor,
Y era esta joven la flor
Más preciosa de Vicana.
También la linda cubana,
Con esa magia divina,
Lo amaba constante y fina,
Con ese amor dulce y bueno
Que yo descubrí en el seno
De mi cándida Rufina.

La supo el guajiro amar
De mala idea desnudo,
Pero era pobre y no pudo
Llevarla al pie del altar.
Por eso, con gran pesar
Se alejaba de su lado,
Y al soportar resignado
Su profundo sentimiento,
Al compás del blando viento
Así cantaba angustiado:

—Hoy que la suerte me arroja
Del partido en que naciste
Y el desconsuelo más triste
Me apesadumbra y me enoja.
Hoy que fatal me acongoja
El rigor del hado impío,
Te consagro, dueño mío,
Mis más dulces pensamientos,
Y se pierden mis acentos
Entre las ondas del río.

Me abrasaron de tus ojos
Los vivísimos destellos,
Porque son negros y bellos
Lo mismo que dos corojos;
Esclavo de tus antojos,
Te adoré con frenesí,
Y cuando amarte ofrecí
Con ardor inextinguible,
Fuiste a mi voz más sensible
Que el triste moriviví.

Con tus pupilas serenas
Desvaneces mis agravios,
Y son más dulces tus labios
Que la miel de las colmenas.
¡Oh si supieras las penas
Que paso ausente de ti!
Suspiro, ¡ay triste de mí!,
Sollozo y nunca me alegro

Y es mi destino más negro
Que las alas del totí [154].

Ni el rústico son del güiro,
Ni el son del tiple cubano,
Calman el dolor tirano
De tu infelice guajiro.
Por ti sin cesar suspiro
Al emprender mi partida,
Por ti, mi prenda querida,
Dulce y bendita ilusión,
Llevo triste el corazón,
Llevo el alma dolorida.

Te quiero como al rocío
El lirio que el mayo dora,
Y te adoro como adora
El pez las ondas del río;
Yo que he nacido, bien mío,
Entre cedros y jocumas,
Que bajo de las yagrumas
Adoré los ojos tuyos,
Te quiero cual los cocuyos
Quieren del monte las brumas.

Pobre, muy pobre nací,
Merced a suerte enemiga,
Y esta desgracia me obliga
A separarme de ti:
Mas el ser yo pobre así
No es cosa que me atormenta,
Porque tengo muy en cuenta,
Aunque mi suerte es reacia,
Que ser pobre es gran desgracia,
Pero no ninguna afrenta.

Para volver a tu lado,
Paloma de esta ribera,
En seca y en primavera
Trabajaré denodado:
Seré peón de ganado,

En Guisa seré veguero [155];
Para conseguir dinero
Será el trabajo mi ley,
Y hasta cortaré yarey
En Cauto el Embarcadero.

¡Adiós! El cielo permita
Que un buen porvenir te halague
Y en tu pecho no se apague
La llama de amor bendita.
¡Adiós! Mi pecho palpita
Lleno de acerbos enojos,
De tus dulces labios rojos
El acento oir no puedo,
Me voy..., pero esclavo quedo
En la lumbre de tus ojos.

Así concluyó el guajiro
Su tristísima canción,
Ahogando en su corazón
El más amargo suspiro:
Del agua vio el blanco giro,
Oyó el rumor de la brisa,
Melancólica sonrisa
A sus labios asomó,
Y a todo escape tomó
El camino para Guisa.

# LA ALBORADA

A DON ELIGIO E. CAPIRO

Huye la noche sombría
Al son de céfiros suaves,
Y nos anuncian las aves
La vuelta del nuevo día:
Todo es luz y poesía,
Todo es encanto y belleza,
El zorzal en la maleza
Extiende sus pardas alas,
Y ostenta sus ricas galas
La feraz naturaleza.

Susurra el verde palmar,
Y la luz de la alborada
Dora la roca empinada
De las orillas del mar:
Se admira el tenue brillar
De la estrella matutina,
Muere la densa neblina,
Cruje el cedro allá en los montes,
Y a los bellos horizontes
El sol naciente ilumina.

Se elevan los cocoteros
Cubiertos de ígneo arrebol,
Cuando el rubicundo sol
Vierte sus rayos primeros:
Los mangos y limoneros
Forman plácidos rumores,
Lucen las gallardas flores
Esmaltadas de rocío,
Y las corrientes del río
Halagan con sus rumores.

Dicha inmensa es divisar
Las elevadas yagrumas,
Y ver las blancas espumas
Sobre las olas del mar:
¡Oh!, qué hermoso es contemplar
Los transparentes celajes
Sobre los bellos paisajes
Que forman el monte umbrío,
Y ver cuajado el rocío
De la ceiba en los ramajes.

Del espeso caimital,
Sobre las ramas preciosas,
Las pintadas mariposas,
Buscan la luz matinal:
Del mar en el litoral,
Entre mangles tembladores.
A los primeros albores
Lucen las rocas brillantes
Y sus pétalos fragantes
Empiezan a abrir las flores.

Yo sin amargas congojas,
Sin pesar que me atormente,
Veo asomar por el Oriente
Las nubes blancas y rojas:
Oigo el rumor de las hojas
Y el ruido de la cascada,
En torno de mi morada
Oigo el viento que suspira
Y canto al son de mi lira
La vuelta de la alborada.

Contemplo el azul del cielo,
Admiro el verdor del monte,
Oigo el trino del sinsonte
Y el rumor del arroyuelo:
Con el más ardiente anhelo
Vuelvo al sol una mirada,
Y en mi rústica trovada
Digo al compás de mi lira:

Dichoso el que en Cuba admira
La vuelta de la alborada.

Recorro los campos bellos
De estas verdes cercanías,
Do los soles de otros días
Han tostado mis cabellos.
Alegre bendigo en ellos
El astro que me ilumina,
Y de la hermosa colina,
En las florecientes faldas,
De flores tejo guirnaldas
Para mi humilde Rufina.

Oigo la alegre canción
Del guajiro laborioso,
Que de trabajar ansioso
Abandona su mansión:
Muere el fúnebre crespón
De la noche que horroriza,
El viento las aguas riza
Con sus ráfagas ligeras,
Y sonríen las riberas
Que el Hórmigo fertiliza.

Contemplo entre los espinos
Que se alzan en las sabanas,
De las verdes palmas canas
Los pimpollos peregrinos:
Los albores matutinos
Iluminan la explanada,
El alma admira extasiada
Del cielo azul los colores
Y anuncian aves y flores
La vuelta de la alborada.

El que en Cuba no ha admirado
Ese momento precioso,
No ha visto lo más hermoso
Que el Ser Supremo ha creado:
Mírelo el que dominado

Por amargo escepticismo,
Tema bajar al abismo
Sin Dios a quien bendecir,
Y así evitar el morir
En brazos del ateísmo.

¡Oh! Venid, mis compatriotas,
A los montes de Las Tunas,
Donde al alba en las lagunas
Suelen volar las gaviotas:
Venid a escuchar las notas
De mi rústica trovada,
Y en mi florida llanada
Decid al son de mi lira:
—Dichoso el que en Cuba admira
La vuelta de la alborada.

# EL AMANTE CELOSO

Por la encantadora orilla
Que riega el Cubanacay [156],
Donde lindas flores hay
Y el sol más hermoso brilla,
Donde la tierna avecilla
Corta el aire en blando giro,
Y vegeta el caguajiro
A orillas de la sabana,
Sobre una jaca alazana
Iba un rústico guajiro.

Perfecto tipo de aquellos
Habitantes primitivos,
Con sus ojos expresivos
Y con sus negros cabellos.
Tostados como eran ellos,
Este rústico guajiro,
La cumbre azul del Capiro [157]
Contemplaba con despecho,
Y ahogar no pudo en su pecho
Un doloroso suspiro.

Herido su corazón
Por el dardo de los celos,
Dejaba de sus abuelos
La rústica habitación.
La que amaba en su ilusión
Como el ave a la colina,
La que él juzgó dulce fina,
La que cantaba incesante,
No fue tierna ni constante
Cual mi adorada Rufina.

La que en su afán bendecía
En noches de mayo y junio,
Fue causa de su infortunio
Y de su amor se reía;
Pero él, que ya conocía
De su amada el abandono,
Con ese implacable encono
De los celos más violentos
Al son del agua y los vientos
Cantaba con brusco tono:

—Alienta, corazón mío,
Y desecha tus enojos,
No permitas que mis ojos
Lloren como llora el río;
Pagar con igual desvío
Sirva a tu mal de remedio,
Disipa tu amargo tedio,
Calma tu pensar profundo.
Pues dicen que medio mundo
Se burla del otro medio.

Si la hermosa que adoré
Está por otro rendida,
Si me desprecia y me olvida,
Yo también la olvidaré:
Con ella no bailaré
Al son de tiples y güiros,
Y de mi saña los tiros
Pronto le harán conocer
Que es peligroso ofender
A nosotros los guajiros.

Tú entenderás que hay en mí
Firmeza y resolución,
Y que tengo un corazón
Más fuerte que el coyují [158];
Cuando sepas, ¡ay de mí!,
La cólera que reprimo,
Verás que mi honor estimo
Como hombre de buena ley,

Y no soy como el copey
Que necesita de arrimo.

Tu querido y mi rival
Ha de pasar más congojas
Más amarguras que hojas
Se ven en un guayabal;
¡Ay, desdichado de tal,
Si yo lo encuentro en el sao!
Más negra que el cucubao [159]
Su estrella contemplará,
Porque ella perdiz será
Y yo seré el guaraguao [160].

Si desnudo mi machete,
Si le enseño mi cuchillo,
Se pondrá más amarillo
Que el corazón del fustete:
Si embisto con un tolete
Al que en amar te recreas,
Mejor es que no lo veas
Si yo mis bilis exhalo,
Porque nací en Pelo Malo [161]
Y tengo malas ideas.

¡Adiós, pues...!, tu inicua acción
Y tus injustos desdenes
Me hacen saber que no tienes
Virtud en el corazón:
Suspira con tu ilusión,
Gózate con tu esperanza,
Busca en el tiempo que avanza
Un regocijo infinito.
Mientras que yo premedito
Los golpes de mi venganza.

Así dijo, y de repente,
El pobre amante celoso,
Se enjugó el sudor copioso
Que humedecía su frente.
Alzó la vista impaciente

Donde tantas flores hay,
Oyó de Cubanacay
El murmullo dulce y blando.
Y se alejó contemplando
La cumbre del Escambray.

# CAONABA

A DON FELIPE LÓPEZ DE BRIÑAS

Fatigado por los soles
En la sabana y el sao,
Al pueblo de Caonao
Llegaron los españoles:
Soplaron sus caracoles
Los indios camagüeyanos,
Y cuando a los castellanos
De cerca los rostros vieron,
Adoración les rindieron
Como seres sobrehumanos.

Ante ellos cargados van
De peces, frutas y flores
Los sencillos pescadores
Del río Samaraguacán [162]:
De su casabe les dan [163]
Cestos y morrales llenos,
Que en sus feraces terrenos
Y en sus florecientes llanos
Fueron los camagüeyanos
Hospitalarios y buenos.

Admiraban, inocentes,
El cacique y los vasallos,
Las armas y los caballos
De aquellas extrañas gentes.
Cual ninguno complacientes,
Les llevaban sin cesar,
Con las flores del palmar,
Del monte las verdes hojas
Y conchas blancas y rojas
De las orillas del mar.

A su modo arrodillados
Y con los arcos al hombro,
Contemplaban con asombro
Aquellos hombres armados:
Atronó montes y prados
El indiano caracol,
Y entonces un español
Su espada desnuda, y, ¡zas!,
Le secundan los demás
Y brilla en todas el sol.

Oyéronse golpes rudos
Entre las distintas razas,
Y el choque atroz en las mazas
Con los aceros desnudos;
En pedazos los escudos
Rodaron sobre aquel suelo,
El sol cubrióse de duelo,
Se entristeció la arboleda
Y una densa polvareda
Empañó el azul del cielo.

Reinaba en aquel momento
La confusión y el espanto,
Y se oyeron entre el llanto,
Gritos de remordimiento,
Al triste silbar del viento
Sobre las llanuras rasas,
Y al rumor de las no escasas
Quejas del triste que gime,
Una voz se alzó sublime,
Y era la voz de «Las Casas».

—¡Deteneos, hijos míos!
Les dijo: —¿Qué vais a hacer...?
No queráis enrojecer
La corriente de estos ríos:
Respetad estos bohíos
Tan sencillos como bellos,
Bajo los ígneos destellos
Del sol, cuya luz nos baña,

Hijos de la noble España,
¡Piedad, piedad para ellos!

Al eco de aquella voz
Que dulce el espacio llena,
Una india noble y morena
Allí apareció veloz:
Enardecióse su voz,
Calmóse el sordo murmullo,
Del viento al ligero arrullo
Brilló la atmósfera bella,
Y la gallarda doncella
Así dijo con orgullo:

¡Noble Las Casas...! Tu acento
Bajo estos jobos y palmas
Disipa de nuestras almas
El rencoroso ardimiento.
Perdona si en un momento
Los indios del Camagüey,
Obedeciendo a mi ley,
Tu voz desoyeron hoy,
Porque has de saber que soy
Hija del cacique Hatuey.

¡Yo soy Caonaba...! Hace días,
¡Oh venerable semí!,
Que esperábamos aquí,
Sin saber que tú venías:
A tu voz, las huestes mías
Bajan los arcos y flechas;
A tu voz, corren deshechas
Del campo por los verdores
Y te regalan las flores
De las veredas estrechas.

Aquí entre nosotros tienes,
Pues calmas nuestros martirios,
De blancos y rojos lirios
Coronas para tus sienes.
¡Oh tú que a los campos vienes

Que el Caonao fertiliza!
Nuestra saña paraliza
Tu acento noble y sagrado,
Y cuanto existe a tu lado
Se engrandece y diviniza.

Dijo, y los bellos plumajes
Que en sus sienes resplandecen
Se mecieron cual se mecen
En el monte los guairajes.
Se esparcieron los salvajes
Del río por las orillas,
Y las bellas florecillas
Que más grato aroma exhalan
A Las Casas las regalan
prosternados de rodillas.

Al son dulce y prolongado
De los huecos caracoles,
Siboneyes y españoles
Bendicen al gran prelado:
El los contempla a su lado
Humillados a su ley,
Y dijo entre aquella grey
Bajo elevados caimitos:
¡Oh benditos! ¡Oh benditos!
Los indios del Camagüey.

Y sobre la bella alfombra
De los florecientes llanos,
Amigos, hijos y hermanos
El santo padre los nombra:
Bailan todos a la sombra
Del ateje y del jagüey,
Y de la española grey
Se oyó en aquellos circuitos
La voz que dijo: ¡Oh benditos!
Los indios del Camagüey.

# LA PAPAYA [164]

A DON ADALIO SCOLA

En el monte y en la playa,
En la roca y en el prado
Cantar quiero entusiasmado
Lo dulce de la papaya;
Otra no hay de mejor laya
En las escondidas rutas,
Entre las hermosas frutas
La debemos admirar,
Y es más fresca al paladar
Que el agua de nuestras grutas.

Yo la canto con mi lira,
Porque su tronco lozano
Alegra el monte y el llano,
Deleitando al que lo mira.
Esbelta cual la jejira,
Cual la vara de magüey,
Su fruta en el Camagüey
Regocija a quien la prueba
Y es más grata porque lleva
Dulce nombre siboney.

Bajo nuestro hermoso cielo,
Endulza mi acento ronco;
Bella, si pende del tronco;
Linda, si rueda en el suelo;
Yo la busco con anhelo
En el valle y la colina,
Su dulzura almibarina
Desvanece mis agravios,
Y ella refresca los labios
De mi adorada Rufina.

Del sol bajo el vivo rayo,
Y al resplandor de una luna,
Es bella como ninguna
La flor que brota el papayo.
En enero, junio y mayo,
Bajo su copa gentil,
La arrulla el viento sutil
En el cubano horizonte,
Y es el adorno del monte
Y la gala del pensil.

El papayo peregrino
Forma de estrellas un ramo
En las tierras de Bayamo
Y en las faldas del Turquino.
El sinsonte dulce trino
Entona en él con afán,
Y aunque ruja el huracán
Y brame iracundo el trueno,
Se alza gallardo y sereno
Sobre la cumbre del Pan.

Verlo causa maravilla,
De pompa y verdores rico,
Allá del Hatibonico
En la floreciente orilla,
Su blanca corteza brilla
Bajo el sol de la mañana,
Es la copa más lozana
Que en nuestras montañas hay,
Y del altivo Escambray
La regia cumbre engalana.

Se alzan en las guardarrayas
De nuestros cañaverales,
Pintorescos, colosales
Y erguidos como atalayas.
Como el júcaro en las playas
Se elevan al firmamento,
Se mecen al son del viento
Mientras dominan el llano,

Y a la lira del cubano
Arrancan más de un acento.

Veloz, así como el rayo
Que al monte temblando deja,
Busca la incansable abeja
La linda flor del papayo.
Con dulcísimo desmayo
En sus pétalos se posa,
Zumba contenta y dichosa
En medio de sus pistilos,
Y se vuelve a sus asilos
Cargada de miel sabrosa.

La fruta que canto es tal,
Que hasta su blanca resina
Es eficaz medicina,
Y no veneno mortal.
Es un manjar sin igual
Para el grande y para el chico,
Y desde Jatibonico [165]
Hasta el santuario del Cobre
Se halla en la choza del pobre
Y en el alcázar del rico.

La idolatran los cubanos
Y la adoran las hermosas,
Como aman las mariposas
La flor que se abre en los llanos.
Por ellas hieren mis manos
Las cuerdas de mi laúd:
Y en mi alegre juventud,
Con entusiasta fervor,
Canto su dulce sabor
Y bendigo su virtud.

Mas, basta mi buen Scola,
Que ya concluyo mi canto:
La fruta que adoro tanto
Es dulce como ella sola,
Perder no debes la chola

Ni poner triste el semblante,
Por más que yo a cada instante
Con énfasis te repita:
—«La papaya... necesita
Un Homero que la cante.»

## ADIOS A MIS LARES

Tiempo es ya que yo despierte
De mi letargo profundo,
Y buscar allá en el mundo
Mi buena o mi mala suerte.
Joven soy, robusto y fuerte,
Mis ilusiones concibo,
Mas no habrá ningún motivo,
Ningún placer singular,
Que pueda hacerme olvidar
Mi hermoso pueblo nativo.

Allá del mar en la orilla,
Y al murmullo de las olas,
Cuando entonar pueda a solas
Mi trova alegre y sencilla,
Veré la hermosa barquilla
Que surca el agua ligera,
Veré cómo reverbera
El sol con vivos fulgores,
Mas nunca veré las flores
De mi nativa ribera.

Yo dejaré de estos montes
El espléndido atavío,
El manso rumor del río
Y el cantar de los sinsontes.
En más amplios horizontes
Veré fulgentes destellos,
Mas nunca extasiado en ellos
Echaré en injusto olvido
Los campos donde he nacido,
Tan florecientes y bellos.

Nunca, porque aquí al murmullo
De la brisa matutina,
Al pie de la alta colina
Abre la flor su capullo.
Vuela el ave con orgullo.
De la esfera en los espacios,
Se doblan los juncos lacios
En medio de las montañas,
Y se alzan pobres cabañas
En vez de altivos palacios.

Yo perderé una esperanza
Que entre oro y lumbre se mece,
Grata esperanza que crece
Cuanto el tiempo más avanza
La sublime mezcolanza
De venturas que ambiciono,
Descendiendo irán al trono
Que en mi pecho les alcé,
Mas nunca me olvidaré
De los prados que abandono.

Jamás, ¡oh Dios!, porque aquí
Entre sueños de virtud
Las cuerdas de mi laúd
Por primera vez herí.
En estos campos sentí
Divinas aspiraciones
Y multitud de ocasiones
En las rocas y en los llanos
Mis pobres «Cantos cubanos»
Entoné como oraciones.

Aquí, al compás de los vientos
En los prados florecientes,
Y en las colinas rientes
Canté mis dulces contentos.
Sin crudos remordimientos
Alcé mi alegre trovada,
Y en una mano apoyada
Mi mustia y pálida sien,

Suspiraba por el bien
De mi Cuba idolatrada.

¡Cuba! ¡Cuba! Tú a mis ojos
Eras visión de consuelo
Con tu puro y limpio cielo,
Con tus horizontes rojos.
En tus palmas y corojos
La vista ansiosa fijé;
Tus paisajes admiré
Con un entusiasmo inmenso,
Y por ti quemando incienso
En las aras de mi fe.

Te idolatro, y, por lo tanto,
Dando a mi fe rienda suelta,
Al pie de la roca esbelta
Tus mil primores decanto:
Por ti delicioso llanto
Mil ocasiones vertí.
Y hoy no se albergan en mí
Los más acerbos pesares,
Porque, aunque dejo mis lares,
No me separo de ti.

Hijo yo de estas montañas
Que pretendo abandonar,
Me he gozado al susurrar
De tus juncos y tus cañas,
En las rústicas cabañas
De tus humildes guajiros,
He exhalado mil suspiros
En gratas cosas pensando,
Y los he visto bailando
Al son de tiples y güiros.

¿Cómo no amar con pasión
Y con férvida alegría
Estos montes, Cuba mía,
Que forman tu corazón?
¿Cómo una dulce canción

No alzar en este momento
A este campo, que es portento
De belleza cual ninguna,
Cuando aquí arrulló mi cuna
El suave y sonoro viento?

Adiós, pues, feraces montes,
En cuyos verdes circuitos,
Sobre los altos caimitos
Cantan los pardos sinsontes.
De más amplios horizontes
Pretendo lanzarme en pos,
Y nunca permita Dios,
Pues no tengo tal idea,
Que este adiós para ti sea
Mi triste y último adiós.

# LOS GALLOS

## I

Para el domingo que viene
Tengo un gallo matador,
Que vencidas al rigor
Catorce peleas tiene:
El gallero lo previene,
Lo trabaja y lo voltea,
Y después que lo carea,
Le da a comer pan con leche,
Porque no quiere que se eche
O se rinda en la pelea.

## II

Es canelo su color,
Blancos son sus espolones;
Por sus bellas perfecciones
Le llama el pueblo «La flor».
Es en extremo heridor,
Es cual ninguno valiente,
Y cuando herido se siente
Y no puede ganar presto,
Sale a jugar, deja el puesto,
Pero vuelve más ardiente.

## III

Es este gallo canelo
Tan jugador y tan pillo,
Que un logro doble a sencillo
Pongo si tira un revuelo.

Si al contrario ve en el suelo,
Con el pico lo maltrata,
Las plumas le desbarata,
Lo hace que brinque y que ruede,
Y lo desnuca si puede
Batirle por la corbata.

## IV

Es gallo de ley tan viva,
Y en las lides tan experto,
Que una vez, ya casi muerto,
Por perdido a alzarlo iba;
Mas sintió que ya el de arriba
Se encontraba un poco flojo,
Se enderezó con arrojo,
Le metió el pico de frente
Y ganó inmediatamente
Dando golpe de ojo y ojo.

## V

En Santa Cruz y Morón
Ha peleado siempre bien,
Y en Manzanillo también
Ganó ciego una ocasión.
El día de la Concepción
En Guáimaro lo jugué,
A sus espuelas gané
Una onza americana,
Y si este domingo gana,
Con él a Bayamo iré.

## VI

Este gallo tan querido,
Que no espero que se pierda,
Con golpe de media cuerda

También ganar ha sabido.
Y en el suelo ya tendido,
Rodando como un tonel,
A un indio feroz y cruel
Que lo tumbó de un revuelo,
Dio puñalada de cielo
Y quedó el campo por él.

## VII

También tengo un malatobo
De muy largos espolones,
Que por sus crueles acciones
Le han puesto por nombre «El Lobo».
El, aunque parece bobo,
Cuando se mete en pelea,
Aunque algo lejos voltea
Y escapa alguna ocasión,
Es porque darle a traición
A su contrario desea.

## VIII

Perdió una ocasión un ojo
En la valla de Las Tunas,
Recibió heridas algunas,
Soltó el pico y quedó cojo;
Aunque hoy es tuerto, su arrojo
Es igual al de una fiera,
Y si otro gallo lo espera,
Sea más grande o sea más chico,
Es todo, pegar el pico
Y dar golpe de tijera.

## IX

También tengo un talisayo [166]
Valiente, buen peleador,

Y lindo como una flor
Que nace en el mes de mayo
Con la prontitud del rayo
A su contrario arremete,
De lado el pico le mete
Cuando no puede de frente,
Y a éste, vivo y ardiente,
Lo he llamado: «Suena el fuete».

## X

En Holguín, una ocasión,
Peleando con un jirazo,
Se dio un terrible cañazo [167]
Debajo de un espolón;
Desangrado, en esa acción
Del otro se desatraca,
Y aunque un desmayo le ataca,
Nunca cesó de batir,
Y a su adversario hizo huir
Con puñalada de vaca [168].

## XI

Todo el que se atraque, en fin,
Con mi talisayo ardiente,
Va a tener seguramente
Que morder el aserrín [169]
El, aunque parece un güin,
Y es deslumbrado de un ojo,
Como nunca se ve flojo,
Por más que en las lides luche,
Si logra picar el buche,
Hace al contrario un manojo.

## XII

Con estos gallos ingleses,
Hijos de tan buena cuna,

Espero hacer mi fortuna
Antes que pasen dos meses.
Son vástagos holguineses
De una raza la más fina,
A ellos jugara una mina
Si yo pudiera tenerla,
Y sin temor de perderla
Jugara hasta mi Rufina.

# LA VALLA DE GALLOS

Hay de todas las naciones
En los pueblos y lugares,
Pasatiempos populares,
Patrióticas diversiones.
Y según las narraciones
De un buen escritor de hogaño
En París, un día al año,
Aunque la cosa mal ande,
Se celebra un buey tan grande,
Que asombra por su tamaño [170].

Los españoles vasallos
Son de las lides de toros;
Los de Albión juegan tesoros
A sus veloces caballos.
Los turcos en sus serrallos
Hallan dichosa mansión,
Y en Italia —si no son
Sencillos cuentos de abuelas—
Arrancándose las muelas
Tienen grata diversión.

En Cuba, donde el dinero
Dicen que es tan abundante,
Sin embargo, yo sobrante
Nunca lo tengo, aunque quiero.
No faltan, según infiero,
Varios ocultos serrallos,
Y, aunque muy buenos caballos
Suelen a veces correrse,
Nada hay tan digno de verse
Como la valla de gallos.

Allí los hombres más ricos
A los más pobres se acercan,

Y, demócratas, altercan
Sobre espolones y picos.
Anda entre grandes y chicos
El infeliz artesano;
Mas, de todo el gremio humano
Viviente, ninguno se halla
Que adore tanto la valla
Como el guajiro cubano.

El guajiro más gandul,
De talla menos apuesta,
Se pone el día de la fiesta
Camisa y corbata azul.
El fondo de su baúl
Registra con grato anhelo,
Toma un rosado pañuelo
Cantando amorosas quejas,
Y detrás de las orejas
Se echa desgreñado el pelo.

El que mata en las montañas
Al más ligero verraco
Y sembrar sabe el tabaco,
Y sabe cortar las cañas;
El que en espesas montañas
Al toro audaz desafía,
Y en la estrecha serventía
Sencillas trovas entona,
Todo, todo lo abandona
Por ir a la gallería.

El que del triple al punteo
Y al rumor del calabazo,
Con limpio desembarazo
Baila alegre el zapateo,
Impulsando su deseo
Que a su placer le domina,
Le pone la enjalma fina
A su fogoso caballo,
Y arrebatando su gallo,
A la valla se encamina.

Allí escarba el aserrín
El hermoso gallo giro,
Y en las manos del guajiro
Luce el gallo tomeguín.
Ostenta rojo carmín
El indio en aquel recinto,
Canta alegre el gallo pinto
Al lado del guacamayo,
Y sonsaca el talisayo
Al malatobo retinto.

Digno es de verse en la valla
La animación y el contento;
Uno abandona su asiento,
Otro se sienta y se calla.
Un hombre busca y no halla
Para su gallo un contrario;
Otro juzga necesario
Poner el suyo en balanza,
Y allá la gente se lanza
Con tropel extraordinario.

Lógrase casar, al cabo,
Un indio de rojo cuello,
Con un canelo que es bello
Desde la cresta hasta el rabo.
Al indio afaman por bravo,
Y al canelo por valiente;
Al uno del otro enfrente
Los ponen los careadores,
Y todos los jugadores
Exclaman: ¡Fuera la gente!

Cuando esta voz una vez
En el redondel estalla,
Quedan solos en la valla
Los careadores y el juez.
Cada uno la impavidez
De su gallo recomienda,
Y a esta algazara tremenda
Suceden alegres voces,

Cuando los gallos feroces
Dan principio a la contienda.

El indio ataca al canelo
Y le hace dar un traspiés;
Pero éste, que es gallo inglés,
Contesta con un revuelo.
Rueda el indio por el suelo,
Se para y se tambalea;
La concurrencia vocea
Y en sus asientos se para,
Y al rumor de la algazara
Se encarniza la pelea.

El indio, desde el instante
En que se ve mal herido,
Como es ya tan aguerrido,
Sale a correr por delante.
El otro, aunque jadeante,
No se acobarda jamás;
Y si el segundo detrás
Batirle a traición desea,
Torna el indio, y la pelea
Se encarniza mucho más.

Los adictos al canelo
De que ganan convencidos,
Ponen mil logros crecidos
Si ven que tira un revuelo.
Los del indio sin recelo,
De que su gallo dé en vago,
Valientes con el halago
De una segura ganancia,
Con desmedida jactancia
Responden: ¡Pago! ¡Va pago!

Y al son de la vocería
Y del murmullo incesante,
Otro campo de Agramante
Parece la gallería.
El canelo se desvía

Y al indio herido sonsaca;
Este, valiente, lo ataca
Con un tremendo revuelo.
Y retrocede el canelo
Con puñalada de vaca.

Onza a escudo y onza a peso
Ponen al indio gritando,
Y aprovecha el otro bando
De los logros el exceso.
—¡Voy cien a diez! —¡Pago eso!
Grita un guajiro tacaño,
A quien no parece extraño
Que el canelo vuelva en sí,
Y, bravo como el ají,
Dé un golpe de buen tamaño.

El canelo, en su desmayo,
Con herida tan atroz,
Le aguanta al indio feroz,
Que le embiste como un rayo.
Aléjase de soslayo
Estando de sangre rojo,
Y con furibundo arrojo,
Con pujanza desmedida,
Dando al otro una batida,
Lo tumba con ojo y ojo.

Como todo gallo fino,
Revive al pronto el canelo,
Voltea como un molino
Bañado en sangre, y sin tino,
Como tigre levantino,
En vano vengarse quiere,
Y como el otro le infiere
Más heridas poco a poco,
Tira un revuelo de loco
Y estira el pescuezo y muere.

Los del canelo, contentos
Y con profunda arrogancia,

Para cobrar la ganancia
Abandonan los asientos.
La valla en tales momentos
Brinda hermosa perspectiva,
Pues los de abajo y arriba,
Sin que termine el murmullo,
Exclaman llenos de orgullo:
—¡Viva el canelo! ¡Que viva!

Tal es la valla; tal es
Esa alegre diversión,
Do forman sólida unión
El recreo y el interés;
Donde con el gran marqués
Alterna el pobre artesano,
Y con su gallo en la mano
Y su tabaco encendido,
Luce su mejor vestido
Nuestro guajiro cubano.

(1859)

# NOTAS

Explicaciones de vocablos indígenas o técnicos y expresiones usadas en la obra. Comentarios y juicios críticos de José Muñiz Vergara.

1 «*Corriendo* a bandadas, tojosas de las cañadas, sinsontes de los ramajes», dijo el autor, con harta impropiedad. Ni la tojosa, pequeña paloma silvestre, «Columbigallina passerine, Lin.», ni el sinsonte, «Mimus gondlachi», son aves corredoras propiamente dichas, efecto de lo cual, mejor que escribir «corriendo a bandadas», habría sido decir «volando a bandadas» como vuelan aves afines de las dos citadas, y éstas.

2 Más propio que vivir «bajo sus lomas», resulta escribir «sobre sus lomas», puesto que las palomas no hacen sus nidos «bajo» nada, y sí sobre alturas selváticas u orográficas.

3 *Guanaras*, hembras de la paloma llamada «guanaro». No son acuáticas, al contrario, viven sobre terrenos secos y pedregosos. El autor debió escribir «guananas», especie de ganso salvaje, familia «Anatidae», que abundó mucho en Cuba. La primera sílaba de este nombre, «gua», equivale a «agua», en lenguas caribeanas. De ahí guanana, guanabá, guasa, guabina, guajacón y tantos otros del mismo derivado.

4 No es «pitajaya», como aparece en casi todas las ediciones de este libro, sino «pitahaya», ''Cerus triangularis, Lin.'', cactácea trepadora que nace y crece sobre piedras, de fruto comestible. La dicción es vulgar entre algunos campesinos camagüeyanos, que cuando quieren quitarse de encima la molestia de un «embestidor» o «pedigón», suelen darle pequeña parte de lo pedido, diciéndole, en son de consejo: —Bueno, y ahora, a viaje: ¡Pa pitajaya!, finca rústica donde siempre había trabajo para cuantos querían trabajar a tanto el día, de sol a sol.

5 N. DE LOS ED.: Este primer poema es dedicado al Cucalambé por otro poeta cubano que con él rivaliza en el empleo de la décima guajira y de los vocablos y expresiones típicos de nuestro campo. Don José Fornaris es más culto y más fino que el Cucalambé, pero mucho menos inspirado.

6 *Jocuma:* «Sideroxylon Nastichodendron». Caguaní y Lechera.

7 *Yagruma:* «Cecropia Digitata». Hay tres especies.

8 *Moriviví:* «Mimosa Púdica». Dormidera. Vergonzosa y sensitiva.

9 *Almiquí:* Zapotácea muy dura y valiosa. Acana.

10 Refiérese al río Bayamo, que corre junto a esa ciudad.

11 *Piraguas:* Embarcación usada por los indios de Cuba.

12 *Yamaguas:* «Guarea Trichiliodes». Familia de las meleáceas.

13 *Turquino:* El pico más alto de la Sierra Maestra y de toda Cuba.

14 *Juba:* Jubabán o Cabo de Hacha, según algunos botánicos.

15 Río *Yarayabo:* Encuéntrase en el municipio de Palma Soriano.

16 *Caguajiro:* Pasiflorácea silvestre.

17 *Jiquí:* «Pera bumelifolia». Familia de las euforbiáceas. Arbol de durísima madera que crece en terrenos ferruginosos.

<sup>18</sup> *Caguaso:* Gramínácea silvestre de terrenos arcillosos.

<sup>19</sup> *Yuraguana:* «Thrinax miraguano». Indica la existencia de terrenos de escaso valor. Geológicamente pertenece a períodos anteriores al terciario y se le encuentra en comarcas serpentinosas, basálticas, silúricas y triásicas. La madera de la palma de yuraguano es de tea durísima y sirve para postes y con sus hojas se hacen sombreros y sogas baratas.

<sup>20</sup> *Gejira:* Plantas de partes de la costa norte. «Harrissia fernorvi».

<sup>21</sup> *Güira:* «Crescentia cujete». Familia de las bignoniáceas.

<sup>22</sup> *Jagüeyes:* Distintas especies de ficus. Familia de las moráceas.

<sup>23</sup> *Curujeyes:* Especies de bromeliáceas. Comunes en los bosques.

<sup>24</sup> *Cupeyes:* "Copey". «Clusia rósea», árbol indígena de la familia de las clusiáceas.

<sup>25</sup> *Jimirú:* Campanilla y aguinaldo en Oriente, Camagüey y Occidente.

<sup>26</sup> *Manajú:* «Reheedia aristata». Familia de las clusiáceas.

<sup>27</sup> *Hórmigo:* Límpido riachuelo oriental.

<sup>28</sup> *Behique:* Sacerdote, hechicero y médico entre los indios.

<sup>29</sup> *Cueiba:* Uno de los dieciséis cacicazgos que existían en Cuba en el año 1512. Estaba situado entre Holguín y Victoria de las Tunas, Maniabón y Baracoa. Los quince restantes eran: Guaniguanico, Marien, Habana, Sabaneque, Xagua, Cubanacán (centro geográfico de Cuba), Magón, Camagüey, Ornafáy, Maniabón, Bayamo, Macaca, Baytiquirí, Baracoa y Maisí.

<sup>30</sup> *Ceiba:* «Ceiba pentandra, Lin.». Bombacácea indígena, denotadora de terreno negro, rico en mantillo vegetal, húmedo y fértil.

<sup>31</sup> *Guajacoa:* Familia de las timeliáceas. Hay varias especies.

<sup>32</sup> *Guatapaná:* «Dibidibi». Debidivia coriaria.

<sup>33</sup> *Aguará:* San Agustín de Aguará, Oriente.

<sup>34</sup> «Como la hoja del caimito», que exhibe un color por encima y otro por debajo, significando duplicidad, falsía.

<sup>35</sup> *Yaba:* «Andina jamaicensis». Arbol de tierras pedregosas.

<sup>36</sup> *Marañón:* «Anacardium occidentale». Familia de las anacardiáceas.

<sup>37</sup> *Jobo:* «Spondias mombin». Anacardiácea.

<sup>38</sup> *Ramblazos:* Turbiones y remolinos en el cauce de un río.

<sup>39</sup> *Llanilla:* «Picodendron macrocarpum». Familia de las sinarubáceas. De costas pantanosas.

<sup>40</sup> *Guáranos:* «Cupanea glabra».

<sup>41</sup> *Yamaguas:* «Guarea trichiliodes». Familia de las meleáceas.

<sup>42</sup> *Yariguá:* Río que se encuentra en el municipio de Holguín.

<sup>43</sup> *Cansí:* Algunos autores dicen que era el bohío de un cacique.

<sup>44</sup> *Cuaba:* Género «Amirys». Familia de las rutáceas.

<sup>45</sup> *Yamaguey:* Debe decirse "yamaquey". «Belaria mucronata». Familia de las papilionáceas. De terrenos arcilloferruginosos.

<sup>46</sup> *Maniabón:* Uno de los 16 cacicazgos en que estaba dividida la isla de Cuba en tiempos precolombinos. (Véase nota 29.)

<sup>47</sup> *Guaniquique:* «Trichostigma octandrum». Familia de las amarantáceas.

<sup>48</sup> *Macíos:* «Typha angustifodia». Familia de las tifáceas. Espadaña.

<sup>49</sup> *Manigua:* Bosque denso, bajo y enmarañado.

<sup>50</sup> *Sigua:* «Nectandra coriácea». Familia de las lauráceas.

<sup>51</sup> *Seivey:* Planta oriental tenida por venenosa.

<sup>52</sup> *Cayajabo:* «Canavalia cubensis». Enredadera común, también llamada "mate".

<sup>53</sup> *Sabicú:* También llamado «jigüe». «Lysiloma sabicú, Benth.». Arbol valiosísimo, no bastante conocido y apreciado en Cuba; sin rival para construcciones navales, hasta el grado de que en francés, inglés, alemán, español e italiano, su único nombre entre los marinos

es el que queda escrito: "sabicú»». Coeficiente de elasticidad: 1,050; de rotura por tracción: 14; por compresión: 7; por torsión: 3; densidad: 0,90. El navío "Santísima Trinidad", de 140 cañones, y el "Santa Ana", de gran desplazamiento también, construidos en el arsenal del puerto de La Habana, que probaron su alta eficiencia en la batalla de Trafalgar, causaron la admiración de propios y extraños por su resistencia a las andanadas de la artillería inglesa; efecto de haber sido construidos con sabicú, ácanas y júcaros cubanos, infinitamente más resistentes que el pino y el resto de las maderas septentrionales, usadas en los buques ingleses. Ni uno ni otro buque fueron hundidos en Trafalgar. El "Santa Ana" vino a irse a pique once años después, en la entrada de la bahía de La Habana, cuando lo llevaban para ser carenado. Construir buques de vela para fletes baratos es y será, sobre distintos aspectos, un patriótico buen negocio en la isla de Cuba, necesitada de factores marítimos que complementen y ratifiquen su independencia política.

54 *Sijú:* «Sijú platanero». Ave rapaz, nocturna y diurna. Aliméntase de lagartijas y vive en los platanales.

55 *Caisimú:* Nombre indígena de un cerro situado entre las provincias de Camagüey y Oriente.

56 *Caney:* Casa de caciques.

57 *Jobabo:* Río limítrofe entre Camagüey y Oriente. En este lugar los primeros pobladores creyeron encontrar oro. Jobabo significa "abundancia de jobos".

58 Lago *Antombrán:* Nombre que resulta de Antón Brand. Brand es «fuego» en escandinavo. Dicen que los escandinavos estuvieron en América antes que Colón.

59 *Batey:* Plaza destinada a los areítos o bailes, cantos y juegos de pelota entre los indios. Las pelotas se hacían con resina de copey.

60 *Yerenes:* Sus tubérculos contienen materia farinácea, de la cual se hace atol, como del sagú.

61 *Burenes:* Especies de hornos para la fabricación del casabe.

62 *Ajey:* Pasta de ñames, según el Padre Las Casas.

63 *Turey:* El rayo, el trueno u otras cosas del cielo. También el cielo, a veces, se llamaba turey.

64 La miel cubana es llamada también «miel de la tierra», producto de abejas criollas, de las que no tienen aguijón y se defienden mordiendo. «Melipona fulpes.»

65 *Caracol:* Instrumento primitivo de hacer sonido. Cuando se horadaba, llamábase «guamo».

66 *Semí:* Tosco ídolo de los indígenas cubanos.

67 *Guáimaro y Sibanicú:* Dos poblaciones de la región oriental de la provincia de Camagüey, que conservaron sus nombres indígenas.

68 *Cornito:* Río de Oriente, famoso por su fertilidad.

69 *Cobija:* Techo de hojas de palma.

70 *Cumbrera:* Parte superior de una casa. *Ocuje:* Madera de este nombre.

71 *Baría:* Familia de las borragines. De madera apreciada.

72 *Jatía:* Arbol corpulento, abundante en la costa sur y de madera blanca.

73 *Guamá:* Arbol de la familia papilionácea. El más común llámase técnicamente «Lonchocarpus domingensis».

74 *Aite:* Yaití. Madera durísima y duradera. «Gymnanthos lúcida.» Familia de las euforbiáceas.

75 *Cucuba:* Es el cotunto, ave rapaz nocturna, que vive en los huecos de los árboles.

76 *Sereni:* Yerba empleada en usos domésticos, también se llama «senserení».

⁷⁷ *Guayacán:* «Guayacus offianalis». Planta muy útil y valiosa, de la que hay varias especies.

⁷⁸ *Mechoacán:* Comestible para los siboneyes.

⁷⁹ *Bayoya:* Reptil pardo con vientre blanquecino. Come el maíz recién sembrado. Abunda en nuestros campos. «Leiocephalus vittalus.»

⁸⁰ *Navajones:* Machetines muy afilados, para tasajear carnes.

⁸¹ *Jerrón:* Hierro en el cual se mete un palo y forma una especie de lanza corta y arrojadiza.

⁸² *Jibá:* «Erytroxylum». Familia de las eritroxíleas.

⁸³ *Macagua:* «Psendohnedia spuria». Familia de las moráceas.

⁸⁴ *Jutía:* Roedor autóctono, de carne sabrosa. Las Casas las llamó «los conejos de esta tierra». Se conocían tres especies: quemí, guabiniquinaje, aire. Hoy se les llaman, respectivamente, conga, carabalí y andaraz.

⁸⁵ *Yarey:* Valiosa planta textil. «Chamoerops yarey.» Familia de las palmas.

⁸⁶ *Ateje:* Arbol criollo de hermosa copa. Familia de las borragíneas.

⁸⁷ «Un picado»: Senda inicial que se abre en la cerrazón del bosque.

⁸⁸ *Anoncillo:* «Annona bullata». Familia de las anonáceas. Pequeña fruta semejante a la ciruela, de sabor agridulce. En Cuba se le llama también "mamoncillo". El mamoncillo gigante de Cacarratas, Morón, llegó a tener 250 metros de alto por 50 de grueso, en plano de deslinde.

⁸⁹ *Cohombro:* «Sicana odorífera». Cucurbitácea. Calabaza de olor.

⁹⁰ *Aicuaje:* Yaicuaje. «Exothea paniculata.» Familia de las sapindáceas.

⁹¹ *Guabairo:* Ave nocturna que caza en el suelo. De boca descomunalmente grande. Familia de las caprimulgidoe.

⁹² *Pitirre:* Típica avecilla cubana, muy animosa y peleadora. Hay varias especies.

⁹³ *Ponasí:* «Hamelia patens». Familia de las rubiáceas.

⁹⁴ *Guaco:* Género «mikania». Medicinales contra el reumatismo.

⁹⁵ *Caguama:* «Talassochelus caretta». Familia de las chelonides.

⁹⁶ *Guajapá:* Nombre del lugar.

⁹⁷ *Hatuey:* Cacique de Guahaba en Haití. Primer rebelde contra los conquistadores. Murió quemado por éstos en 1512, en Yara.

⁹⁸ *Caguayo:* Lagarto pequeño, terrígeno.

⁹⁹ *Ajenjibre: gengibre.* «Singiber zingiber.» Familia de las zingiberáceas. Planta descongestionante, medicinal e industrial.

¹⁰⁰ *Guamo:* Caracol horadado, especie de bocina.

¹⁰¹ *Caribanas:* Costa de Venezuela, de donde procedían los caribes que abordaban la isla de Cuba.

¹⁰² *Macana:* Maza o clava, arma contundente de los indios.

¹⁰³ «Donde cantan las palomas»: las palomas no cantan, arrullan o gimen.

¹⁰⁴ «Los mangos, piñas y cañas»: Sólo la piña es autóctona; no había mangos ni cañas cuando arribaron a Cuba los españoles.

¹⁰⁵ *Cuje:* Fuete, hecho de rama delgada. No es árbol especial.

¹⁰⁶ *Majibacoa:* Río de Holguín, en Oriente.

¹⁰⁷ *Jáquima:* Cabezada de cuerdas para caballerías. *Guana:* «Liriodendron lagetta». Familia de las magnoliáceas. De fibras muy usadas.

¹⁰⁸ *Guacacoa:* «Lisandenia cubensis». Familia de las tineliáceas. Su fibra es picante, con ella se hacen jáquimas para las mulas y potrancas enviciadas en comérselas.

¹⁰⁹ *Guacamayas:* Pez, ave trepadora y árbol de flores muy vivas.

110 *Yaguasa:* «Anas arborem». Familia de las anitidae. Ave palmípeda, abundante y agradable.

111 *Jején:* Insecto muy molesto, de picadura semejante a la del mosquito, pero de tamaño muy inferior. Abunda en costas y terrenos húmedos.

112 *Títere:* También llamado frailecillo. Avecita de babineyas y lagunatos.

113 *Carey:* «Quelone imbricata». Especie de tortuga, de conchas muy valiosas y carne aceptable.

114 *Guareao:* Ave de zonas pantanosas y de grito estridente. Comestible, pero infestada de piojos con frecuencia, los que la hacen enflaquecer muchísimo.

115 *Bonasí:* Pez del Mar Caribe, muy estimable.

116 *Guacanayabo:* Golfo en el Mar Caribe, costa sur de Cuba.

117 *Cuyá:* «Dipholus salicifolia». Llámanle también carolina y jocuma, blanca.

118 *Tibisí:* Especie «Arthrostylidium cubense». Familia de las ciperáceas.

119 *Iguana:* «Cyclura». Reptil inofensivo, comestible.

120 «La cuarta del mayoral»: el látigo del erigido en jefe, generalmente sin aptitud para tal; siempre es temible, individual y colectivamente, lo mismo en zonas tropicales que circumpolares. La cuarta del mayoral tipifica la autocracia arbitraria, injusta, violenta, inhumana; cumplida negación de la dignidad, de la libertad, de la igualdad y de la fraternidad colectiva. ¡Ay de los pueblos y de las personas aberrantes que penan y hacen penar por el readvenimiento de mayorales cuartistas y flagelantes! Parecen justificar el aserto sustentivo de que los provenientes de madres esclavas nunca propenden a ser totalmente libres, efecto de que las taras o estigmas fatalizantes les hacen temer y adular al látigo que temían y procuraban tener propicio sus tristes y pusilánimes mayores. Escandinavia, Helvecia y la gloriosa patria de Wáshington y Lincoln, prueban al resto del mundo culto que las leyes justas mejoran y sanean más que las cuartas de los mayorales antillanos y los knut o látigos de los esbirros de Iván el Terrible y de los Romanoff, víctimas, como sus amos, de lo mismo que sembraron; triste hecho social antevisto por Jesús de Nazaret al asegurar que cada quien cosecha lo mismo que siembra. Lincoln, el inmortal redentor de cuatro millones de negros esclavos, dijo: «El que emplea el zurriago debe hallar justo que lo empleen contra él». Y Martí, siguiendo a Lincoln, escribió: «Besos recogerá quien siembra besos, y fustas, quien siembre fustas». Es ley de alta justicia distributiva, tanto en lo personal como en lo social, y constituye la brújula orientativa de toda mi vida. (José Muñiz Vergara).

121 *Guaimaya:* Tribus de indios que vivían entre Guantánamo y Santiago de Cuba. Lugar de este nombre.

122 «La Piedra, el Pan y el Turquino»: Se refiere a la Gran Piedra, el Pan de Matanzas y el Pico Turquino, tres de las montañas más conocidas y famosas de Cuba.

123 Cauto, Nipe, etc.: Lugares visitados y mencionados por el Padre Las Casas.

124 *Camarioca:* Río junto a las lomas del mismo nombre, en la provincia de Matanzas.

125 *Palobronco:* Género «melpighia». Familia de las malpiagiáceas. De espinas invisibles y molestas.

126 *Fustete:* Especie de «Chlorophora tinctoria». Familia de las móreas.

127 *Jía:* «Scolosanthus perviflorus». Familia de las rubiáceas. Hay varias especies.

128 *Guararey:* Estado histericoide en que caen algunas mujeres y hasta no pocos hombres.

129 *Zaragüey:* «Rompezaragüey». Especie Vernonia remotífera. Familia de las compuestas.

130 *Seivey:* Planta oriental tenida por venenosa.

131 «Cotorras y cateyes»: «Caica» es el nombre de la cotorra en lengua indígena, y «catey» es lo que comúnmente llamamos periquito.

132 *Bambú:* «Bambusa arnudinácea». Caña brava.

133 *Jobos boyantes:* La fruta madura del jobo, que boya en el agua y es arrastrada por la corriente de los ríos, sobre el mes de octubre.

134 *Boniatos:* Convulvuláceas. «Impomaea batatas».

135 *Flores de campanilla:* Flores de jimirú o de aguinaldo que dan exquisita miel de abejas.

136 *Ciruelas amarillas:* La más vulgar de las especies de ciruelas.

137 *Mijo:* Africano y asiático de origen, lo conocemos por «millo». Hay muchas variedades.

138 «Poner en traba»: Iniciar el entrenamiento los gallos de pelea. Pónense en traba generalmente por el mes de octubre.

139 «Madurar la guayaba»: Frase de doble sentido, que se emplea respecto del inicio de algo muy esperado, como las revoluciones por la independencia.

140 «Voces de los mayorales»: Refiérese a las voces de mando, generalmente violentas, injustas y despóticas.

141 *Jicos* de *yarey:* Los mejores son los de pita de corojo. El conjunto de ellos se llama enjicadura de la hamaca.

142 *Hamaca:* Cama colgante, usada por todos los indios antillanos. Muy fresca e higiénica, que aún se usa hasta en grandes poblaciones.

143 *Pita de corojo:* Fibra muy fuerte de la palma llamada corojo.

144 *Oajaca:* Se dice también «guajaca». *Liquen parásito* que vive sobre degames y júcaros generalmente.

145 *Degame:* «Calycophyllum candissimum». Arbol de cuyas flores hacen las abejas excelente miel.

146 *Macaca:* Uno de los 16 cacicazgos existentes en Cuba en 1512. (Véase nota 29).

147 «Las pieles del Camagüey»: Servían de instrumento de cambio, en sustitución del dinero.

148 *Bayatabo:* Famoso cerro de este nombre; no se comprobó en él la existencia de oro.

149 «Pencas de palma»: Hojas de palmeras. Suele decirse impropiamente «pencas de guano». El guano, voz castellanizada de procedencia indígena (lenguas peruanas), significa en realidad abono.

150 *Areítos:* Cantos, bailes y juegos de pelota de los indígenas cubanos.

151 *Solibio:* Especie «Xanthornus hypomelas». Ornitológicamente pertenece a la familia de los icteridae. Los indios llamábanle «güainúa».

152 «Cocos, mangos y corojos»: Es un nuevo error; no había mangos en las Antillas a la llegada de Colón.

153 *Calabozo:* Machete corto, de montear a caballo.

154 *Totí:* Familia «Icteridae». Especie «Dives atrovioláceus». Ave muy comedora de arroz, que perjudica los plantíos.

155 *Guisa:* Poblado en la provincia de Oriente, cerca de Jiguaní.

156 *Cubanacay:* Río del cacicazgo de Cubanacán.

157 *Capiro:* Cerro de la región central de Santa Clara.

158

158 *Coyují:* Piedra extremadamente dura; aplícase por extensión a las personas «duras», que, siguiendo el precepto de Quevedo, «sólo dan en no dar nada». A esos se les dice «coyujíes».

159 *Cucubao:* «Cotunto». (Véase nota 75).

160 *Guaraguao:* gavilán.

161 *Pelo Malo:* Dícese de las reses vacunas guacamayas, de las bestias caballares alazanas y de las personas de pelo bermejo.

162 *Samaraguacán:* El nombre correcto es Saramaguacán, río que desagua en la bahía de Nuevitas, costa norte de Camagüey.

163 *Casabe:* Pan de yuca, cocido en burenes por los indios.

164 *Papaya:* «Carica papaya, Lin». Nombre científico y vulgar del papayo productor de dicha fruta, que debe nombrarse así sin temor a que en grado alguno se le tenga por deshonesto o irrespetuoso. En Oriente, Camagüey y Las Villas no se nombra de otra manera a dicha ameritada y valiosa fruta siboney.

165 *Jatibonico:* Este nombre, de origen indígena, corresponde a los ríos Jatibonico del Norte y Jatibonico del Sur, que marcan el límite entre las provincias de Las Villas y Camagüey; así como a la población camagüeyana del mismo nombre. «Entre los Jatibonicos», dijo Weyler oficialmente que tenía 40 batallones. Realmente entre las desembocaduras del río Jatibonico, en las costas Norte y Sur del Centro de Cuba, se peleó sin tregua por el ideal cubano. En cada piedra de allí, hay un recuerdo de la guerra por la independencia y en cada lugar un culto acendrado por la libertad y los ideales democráticos.

166 *Talisayo:* Voz tagala. En Cuba se da este nombre al gallo de color giro oscuro. «Malatobo» —en cambio— es gallo indio claro.

167 *Cañazo:* Herida en la pata de un gallo, que le produce intensa hemorragia.

168 «Puñalada de vaca»: Espolonazo o puñalada mortal que recibe un gallo de pelea, por el lugar en que se mete el cuchillo a la vaca en el matadero de reses.

169 *Aserrín:* Polvo que sale al aserrar la madera y que se usa, entre otras cosas, para esparcirlo en el redondel de la valla de gallos.

170 La fiesta del buey grande y cebado, celebrada en París y aludida aquí por «El Cucalambé», es originariamente egipcia, proveniente del famoso buey Apis, tenido por un dios en el imperio de los Faraones. «¡Oh Santas gentes éstas, a las cuales les nacen dioses hasta en los huertos!», dijo contra tal fanatismo un satírico latino. La zoofilia (amor a los animales) es, empero, menos digna de censura que la zoofobia o crueldad con los mismos, tan abundante en los pueblos que practican el «culto al coraje», tan justamente condanado por el argentino Carlos Octavio Bunge, ameritado sociólogo, en Nuestra América. «Escribid la palabra compasión en los bosques en donde retozan los gamos, en los aires por donde vuelan las aves, en los senderos por donde corretean vuestros hijos», dicen antiquísimas escrituras indostánicas, dignas de ser respetadas. A propósito de esto, poeta de altísima sensibilidad e inspiración, escribió: «A través de la angosta playa flotamos una becada y yo. Sin temor recojo pedazo por pedazo el disperso esquife blanco y seco, que las encrespadas olas se empeñan en arrebatar. Brama el viento y la marea fluye y refluye en la playa donde flotamos la becada y yo. Veo cómo el ave tiende su vuelo sobre las aguas, exhalando su débil y lúgubre grito, sin inquietarse por mi agitado canto, ni por el relámpago de vibrante fulgor. No teme daño alguno y me mira sin ojos de temor. Somos íntimos, firmes y bien escogidos amigos, la becada y yo. Camarada: ¿dónde quieres estar por la noche cuando furiosa y desatada rompa la tormenta?

¡Cuán brillantemente arderá mi quemado esquife! ¿Hacia qué caliente refugio tenderás tu vuelo? No temo por ti los estragos de la tempestad que ruge bajo el cielo; porque tú, becada, y yo, somos ambos hijos de Dios».